いろんな場所でいろんな商品を売る移動販売

カフェ

野菜たっぷりのお弁当

ピザ

カレー

タイ風バーベキューのお弁当

洋服
Jeans & Repair
Deniman
Welcome
BOOK TRUCK
本
野菜
tsutaebito
花
雑貨
OPEN
マッサージ

クルマ１台で起業する

はじめよう！移動販売

滝岡幸子
Sachiko Takioka

「クルマ１台で働く」って？

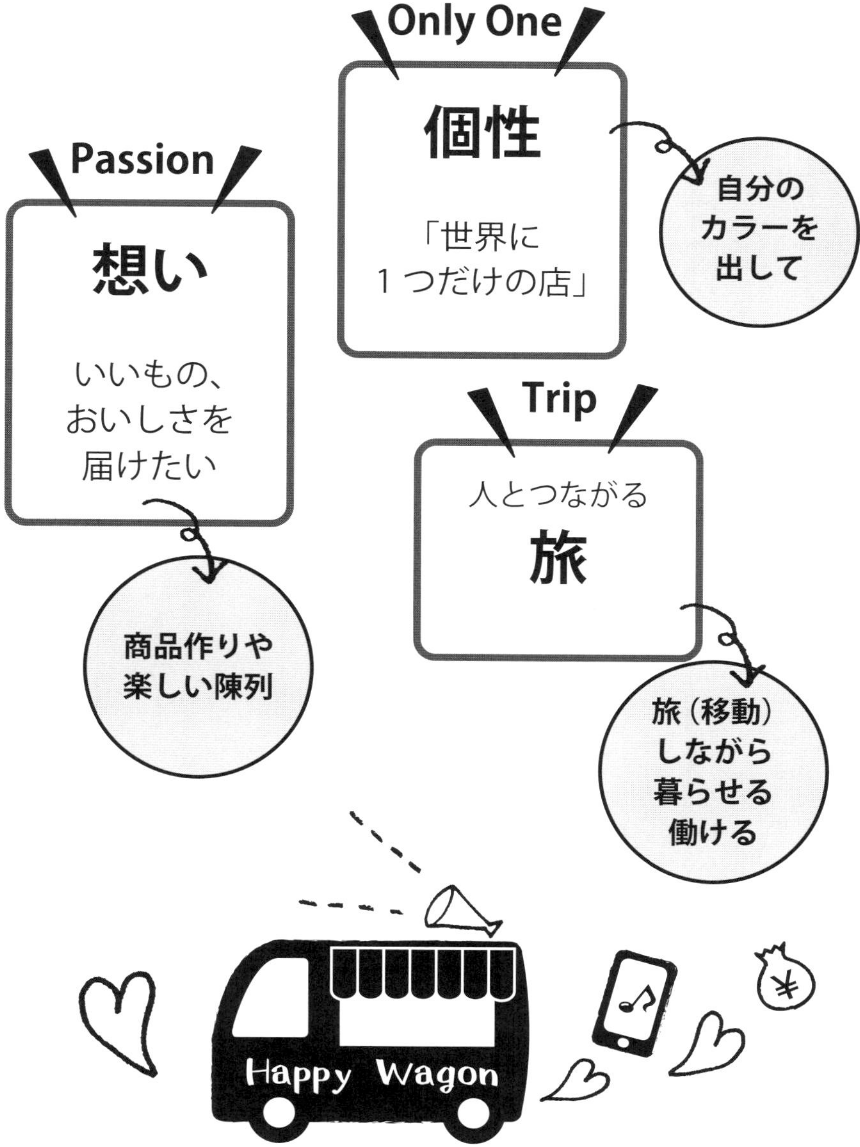

Passion
想い
いいもの、
おいしさを
届けたい
商品作りや
楽しい陳列
Only One
個性
「世界に
１つだけの店」
自分の
カラーを
出して
Trip
人とつながる
旅
旅（移動）
しながら
暮らせる
働ける
Happy Wagon

1章 さあ、クルマ1台で起業しよう！

2章 クルマで何を売りますか？

3章 クルマがお店！ 商品を並べる物販とサービス

4章 食べ物を売るフードカーを始めよう

5章 必要な資格・許可と車の準備

6章 地域活性化の鍵は移動販売車！ 出店場所を探そう

7章 開業するまで・開業してからのお金の話

8章 通いたくなる店舗作り

9章 お客様を集めてリピートしてもらう方法

カバーデザイン　高橋明香（おかっぱ製作所）
本文デザイン・ＤＴＰ　草水美鶴
イラスト　大野文彰

※本書は２００６年刊行の『はじめよう！ 移動販売』の内容に最新の情報を加えて再編集したものです。
※本書に登場する移動販売店の屋号やデータは、２０１９年初版刊行時の事実に基づいています。

1章

さあ、クルマ１台で起業しよう！

今、移動販売がはやっている

◆人の集まるところには、移動販売

大きな公園で開催されるイベントやマルシェ、そしてオフィス街や繁華街で、カラフルな色に塗られたワゴン車や軽トラックを見かける機会が増えました。

雑貨や手作りスイーツ、花、野菜などの物販だけでなく、はやりのドリンクやコーヒー、ランチボックス、たこ焼き、クレープなどを売る「移動販売」です。最近では、マッサージ施術等のサービスを提供するクルマもあります。人が集まる場所で、賑やかさに拍車をかけるエンターテインメント性のある業態です。

低資金で始められる移動販売は、実店舗を持つ第一歩にもなりますし、1人で稼げる商売として人気です。20、30代で移動店舗を始める人も増えていますし、60代で週に2日だけ料理の腕を活かしてランチの販売を始めた女性もいます。開店日は週5日だけでなく、週1~2日、副業で週末だけなど、オーナー独自の働き方を選んでいます。

◆楽しさと非日常性を提供するから売れる

あなたも移動店舗で何か買い物をしたことがあるのではないでしょうか。そのとき、どんな気持ちがしましたか。

きっと少なからずワクワクして、楽しい気分を味わったのではないでしょうか。

今、はやっている移動店舗では、日常の時間とは一味違う時間を提供しています。クルマに焼き窯を積んで、肉やカレーのナンを焼いて、アツアツできたての物を提供する店も増えています。「近所にコーヒーショップがあっても、今日は移動店舗で買ってみようかな」という非日常性も売り物です。雑貨や手作り品が並んでいれば、じっくり眺めたくもなります。お祭りに行って屋台で買い物をしたくなる感覚と同じです。

移動販売は、お客様に楽しさを与えるエンターテインメントな職業なのです。

本場ナポリスタイルの焼きたてピザ「ADVENTURES★PARTY（アドベンチャーズパーティ）」。イタリア料理店で７年修行したピッツァ職人の宮澤寿夫さんが、2014年春にオープン。３台の車を走らせ、平日はオフィス街で創作イタリアンのランチボックス、週末は各種イベントで焼きたてピザを販売。人気商品はマルゲリータ（600円）、スパイシーキーマカレー（600円）。

タイ風バーベキュー専門店「STREET FARM KITCHEN」。タイに長期旅行し、タイ料理が趣味になった佐藤慶太さんが、アメリカバーベキューをコンセプトにしたレストランで働いた経験を活かして開業。

02 クルマで旅（移動）しながら働くメリット

◆資金が少なくても、開業できる！

移動販売は、低資金でも工夫次第でうまく始められるので、副業でも開業できます。

雑貨店や飲食店、サロンを開きたいという人は多いのですが、固定店舗は家賃という固定費が高いため、維持も大変です。

反対に、移動店舗は、商品のアイデアと、店舗として使うクルマさえあれば開業できます。必要なのはワゴン車や軽トラックなどの購入費とクルマの改造費だけですから、数十万円の初期費用ですむ場合もあります。すでに持っているクルマを自分で改装する場合には、もっと費用は少なくてすむこともあるでしょう。

◆1人でも開業できる

移動店舗を1人で切り盛りしている人がたくさんいます。それは、移動店舗の販売スペースが1人で働く空間に適していることと、料理の仕込みなどの準備の時間と販売時間を工夫すれば1人でも運営できるからです。自分のペースで仕事がしたい、好きなことを職業にしたいという人にはもってこいの商売です。

◆場所を変えられる、営業時間を自由に決められる

移動店舗は「お客様のいるところに、こちらから出向く」スタイルを取ることが、固定店舗との大きな違いです。固定店舗の場合、お客様がいない時間帯でもお客様を追いかけて店舗を移動することはできません。しかし移動店舗の場合は、時間帯によってお客様が多くいる場所に移動することができます。

昼間のランチタイムはオフィスビルに近い〇〇公園前、夕方以降は帰宅者の多い△△駅前というように、移動している店舗もあります。

営業する日と時間は、あなたが自由に決められます。週4回、月に15日だけ等、今の自分に合わせた働き方も可能。ランチタイムだけの営業でもOKですし、会社に勤務しながら副業で開業する場合には、土日だけ好きな時間に出店することもできます。

BREAD
家賃不要
1人で開業
場所を変えられる

03

クルマ1台で開業のデメリット

新規参入しやすく、競争も激しい

◆開業しやすい＝競争相手も多いということ

低資本で1人でも開業できる移動店舗は、開業しやすい事業形態です。ということは新規参入も多く、これから競争相手がたくさん出てくることを意味します。新規参入が多いということは、新しいお店が出てきてもお客様をひきつけておける努力が必要だということです。人気の出る場所には、誰だって出店したいもの。同じ場所でずっと人気を保っていくのも簡単ではないでしょう。

競争相手は、同業の移動店舗だけではありません。近隣の実店舗、ショッピングモール、ネットショップなど、さまざまな業態がライバルになります。

◆人マネでなく、独自の商品構成や販売方法を工夫

いいものを提供してお客様を大切にする接客姿勢を保っていれば、競争に負けることは少なくなるでしょう。しかし競合相手の動向は、人気店になった後も日々チェックする必要があります。

どこかのお店をそのままマネしても、競争相手に勝てるというものではありません。独自の商品を販売してこそ、人気が出て、生き延びていけるのです。

個性の追求は簡単なことではありませんが、日々前進の心持ちでお店の特徴や長所を伸ばしていくことが大切です。どちらかといえば、開業前よりも開業後の努力のほうが、持続する上では重要です。

ネオ屋台村を運営する株式会社ワークストア・トウキョウドゥに伺うと、「ビジネス全般にいえる傾向ですが、時期によって、似たようなメニューの店が増えます。一方、イベント企画会社としては、類似メニューの店を同じ場所に出すことは少ない。競合が増えるとそのメニューの認知度は上がりますが、出店が難しい場合が出てきます。時期によって、新メニューに転換し続けることが長続きのコツなのかもしれません。飲食店オーナーは、常に『次に人気となるメニュー』を探し続けています」。

新メニューに
変えようかな…
いくらなんでも
ライバルが
多すぎ…

04 移動販売に向いているのは、こんな人

移動店舗を開業するには、こんな人が向いています。

①初対面の人とのコミュニケーションが好きな人

毎日いろいろな場所に移動して、お客様に会いに行きます。店員の人柄や個性は、移動店舗でお客様をひきつける大切な商品。元気があって、お客様と話すことが好きな人は向いています。

②固定店舗に限らず、お店を始めたいと思っている人

素敵な商品を伝えたい、おいしいものを誰かに食べさせてあげたいという気持ちがあれば、最初は移動店舗から始めて、固定ファンを獲得した後に固定店舗を始めることもできます。

③少ない資金で、リスクが少ない起業がしたい人

クルマ、商品、各種許可・申請があれば、移動店舗は始められます。固定店のような高い店舗賃料はいらず、小資金でリスクは少なく起業。

④旅や移動することが好きな人

クルマでならどこにでも行けます。オーナーさんの中には、活動地域を4～5県またいでいる方も多く、毎日違う場所に出店しています。旅をしながら商売するのに、クルマはもってこいですね。

⑤自由な時間の使い方をしたい人

開店時間や開業日は、オーナーが自由に決められます。移動店舗のオーナーは〝ひとり起業家〟であることも多く、自分らしいスケジュールを設定しています。休祝日には家族と一緒にイベント出店している方もいます。

⑥アイデアや工夫を活かした仕事がしたい人

独自の方法を生み出し、アイデアや工夫を仕事に活かしていくと、固定ファンが増えることでしょう。

⑦開業から3年間は工夫しながら努力できる人

移動販売は、道路関係の規制で出店場所を変更せざるを得なかったり、天候や周囲の状況によって売上が左右されたりと、開業後に苦労する場面もあります。楽しい中にも、日々忍耐が必要な職業です。

移動販売に向いている人

05 クルマといっても、種類はいろいろ

◆**移動販売の4つの種類**

食品の移動販売には、保健所で定められた4つの分類があり、本書では①②について詳しく述べています。

①**営業車による調理営業**　自動車で、調理段階を含めて、飲食店営業、喫茶店営業、菓子製造業を行う。

②**営業車による販売業**　自動車で、完全にできあがった商品を仕入れて販売をする。

③**移動営業（引車）**　リヤカーなどの引車で、おでん、焼きそば、焼き鳥などの製造、加工、調理販売をする。

④**行商**　人力により弁当類、菓子、魚介類などを販売。

①**営業車による調理営業**

自動車に施設を搭載して、移動しながら、飲食店営業（例：出店場所でホットドッグ、丼物、ラーメンなどを作って販売）、喫茶店営業（例：出店場所でコーヒーを淹れて販売）、菓子製造業（例：出店場所で焼きたてパンやクッキーを焼いて販売）を行うこと。

移動販売車の中で、パッケージにご飯やおかずを入れたり、目玉焼きを焼いたりする調理や、コーヒー豆をひいてコーヒーを淹れるなどの作業を含む場合には「調理営業」ということになります。

②**営業車による販売業**

自動車に施設を掲載して、移動しながら、乳類販売業、（例：牛乳、乳飲料を販売）、食肉販売業、魚介類販売業、食料品等販売業（例：あらかじめ包装された菓子パンを販売）を営むこと。

他社が厨房で焼いたパンを袋詰めにして移動販売車に並べて売る場合は「販売業」になります。ただ、商品を自社で製造している場合には食品衛生法による製造業の営業許可を受ける必要があります。

飲食品販売業を開業する前には、保健所の営業許可を受ける必要がありますが、①と②では必要な要件が違ってきます。営業許可についてはのちほど詳しく述べますが、①調理営業と②販売業では必要となる設備（自動車の内装など）にも違いがあります。

移動販売の４つの種類（食品を販売する場合）

営業車による調理営業

自動車で調理段階を含めて
食べ物を販売

本書で詳しく紹介するのは **ここ**

1

営業車による販売業

できあがった商品を
仕入れて販売

2

移動営業（引車）

3

リヤカーなどでおでん、
焼きソバ、焼き鳥などを
製造・加工・調理販売

4

行商

人力により弁当、菓子、
魚介類などを販売

ピッツァ職人の宮澤寿夫さんが、焼きたてピザを販売する「ADVENTURES★PARTY」。週末イベントや平日ランチ等それぞれスタッフを雇い、２人体制で運営。

06 知恵と工夫で、オリジナリティ（独自性）を生み出そう

◆**オリジナリティで勝負する**

どんな商売でもそうですが、お店は独自の知恵と工夫によって繁栄します。移動店舗は低資金で始められますが、一番大切なのは売上を上げて「お店を維持していくこと」。たくさんの競争相手がいますので、その中で選ばれる店になるには、お店の「オリジナリティ（独自性）」が必要です。次の項目について前向きに取り組めば、必ず売上は上がります。できるものからそろえていきましょう。

◆**独自性を生み出す9つのポイント**

①**商品・サービスの選択**　「他の店にはない商品は何か」を研究します。独自の商品開発に努めます。

②**パフォーマンスを取り入れる**　例えば、お客様の目の前で調理をするパフォーマンスを取り入れると、お客様はお店に通うのが楽しみになります。

③**質を追求**　「味は近隣の飲食店に負けない！」という自信があれば、お客様は納得し、少々高い値段でもリピートして買ってくれます。

④**独自の出店ルート**　集客の多い出店場所を、根気よく時間をかけて試しながら探しましょう。

⑤**接客サービスの強化**　お客様との1対1のコミュニケーションを大切にすることは、商売の基本です。

⑥**見た目（外観）で、見込み客をひきつける**　「車」を装飾したり、かっこいいユニフォームを着たりして、お客様が足をとめたくなる空間を演出します。

⑦**SNSを最大限に活用する**　常連のお客様に出店情報を伝え、お店に興味を持ってもらう手段として、インターネットは強い味方です。

⑧**パブリシティ戦略**　ウェブニュース、テレビ、新聞、雑誌などマスコミを通じた宣伝効果は絶大です。マスコミへの対策にも、実は戦略があるのです。

⑨**低コストで、高パフォーマンスの財務体質**　事業を継続するには「お金」の管理がとても重要です。経営者として、事業資金の流れを把握しておきましょう。

ORIGINALITY

DELICIOUS

PERFORMANCE

COOL

SNS

LOW COST

07 屋台のような楽しさ、ワクワク感、エンターテインメントを提供する

①あなたにしかできない独自性を追求する
②提供する商品に工夫をこらす
③色彩や装飾で楽しさを演出
④たくさんの人で賑わう立地に出店する
⑤小さな空間（クルマ）の中を効率的に活用して、できる限りのパフォーマンスを発揮する
⑥少ない資金でも知恵を絞り、温かいサービスを提供
⑦あなた自身が楽しいビジネスを作り出す

◆固定店舗とは違った、ワクワク感の提供

私たちはなぜ、カラフルに彩られた移動店舗を見て「ちょっと覗いてみよう、1つ買ってみよう」と思うのでしょうか。それはまるで、お祭りでどんなものが売られているかわかっていても、お好み焼き、焼きソバや金魚すくいの屋台を毎年ワクワクしながら訪れてしまうことに似ていますね。移動店舗へお客様が寄せる期待は、固定店舗のそれとはまったく違うもの。「非日常的な感覚を一瞬味わえる場所」。これが、移動店舗です。つまり、移動販売はワクワク感を提供するエンターテインメント業です。

◆エンターテインメント感の演出

エンターテインメント業は、訪れる人を幸せな気分にしたり、好奇心をそそる商品やサービスを提供する仕事。どんなものが買えるのか、楽しく商品を選んでいるお客様の顔が見られる、やりがいのある商売です。こんな取り組みをすれば、楽しさを提供できます。

◆「どんな感動を与えられるか」が腕の見せどころ

「どんなものを売っているのかしら？」という好奇心を刺激するところから、クルマの装飾がおもしろかったり、店員さんが楽しそうだったり、かわいい雑貨が見つかったり。フードカーなら、ちょっとお待たせしながら持ち帰りの料理やドリンクを準備して手渡し、実際に飲食してもらうまでの、ほんの30分ほどの時間でどんな「感動」をお客様に与えられるのか。そこが、あなたの腕の見せどころです。

玄米と旬の野菜たっぷりのランチ「TABELL」の店頭にはランプがついているのでお客様の顔もよく見え、話もしやすい。

公園や駅前、野外イベントなどの出店場所によって品ぞろえがいつも違う、移動式本屋「BOOK TRUCK」。クルマにあがって本棚を覗いたり、足をとめてゆっくり本を選ぶのは楽しい。

移動式本屋「BOOK TRUCK」は、東京都、神奈川県を中心に関東近郊で出店。

副業でも複業でも開業できる

◆副業として開業する場合

副業や起業家が1つの事業として複業（パラレルキャリア）とするのもよいでしょう。

◆副業から始めて、本業へ

現在、会社に勤務していて将来的に開業したいという場合には、まずは週末だけ移動販売を始めてみて、売上があがる仕組みを検討しながら、ある程度、売上があがった段階で会社を辞めて移動販売を本業にするのもよい方法です。その場合におすすめするのは、次の点です。

①目標を立てる

本業にするということは、趣味的な運営とは根本的に違います。楽しいだけではダメだからです。いつか本業にできればよいという気持ちが強いと、ずっと開業できずに10年たつ、または途中で飽きて辞めるということになりかねません。

本業にするには「20××年までに、本業として独立する。それまでに、1日の売上を○円に上げるノウハウを開発する。実際にその数字目標をクリアする」という明確な目標を、副業を始めるときから決めておきましょう。

②同じ業種でアルバイトをして、ノウハウを学ぶ

その業種での実務経験のない方は、いざ移動店舗で商品開発や接客などをし始めると、行き詰まりを覚えるかもしれません。そんなときは休日の移動販売を一時的に中断して、同業種の実店舗でアルバイトを経験してノウハウを体感することもおすすめです。

③週末だけでなく平日の営業も経験しておく

夫婦での経営など、平日にどちらかが稼動できる場合は、少しでも平日に出店しておくことをおすすめします。

なぜなら、移動店舗を本業にすると、売上の半分以上が平日にシフトします。平日運営のノウハウも早い段階で習得しておいたほうがよいからです。

副業から本業にするためにやっておきたいこと

目標を立てる

「いつか本業にできれば……」では、開業できずに10年たつ、途中で飽きて辞めるとなりかねない

同業種でアルバイトをする

実務経験がない場合は、実店舗でアルバイトをしてノウハウを得る

平日の営業も経験しておく

本業にすると売上の半分以上が平日にシフトするため、平日の運営ノウハウも習得しておく

月	火	水	木	金	土	日
			✔		✔	✔
		✔			✔	✔
			✔			✔
		✔			✔	
	✔					

起業へのステップとして、期間限定の開店

◆固定店舗への第1ステップ

移動販売は次の起業へのステップとして、期間を決めて始めるのもよい計画です。開業資金が少なくてすむ移動店舗で飲食業をスタートし、コツをつかんで人気が出たら、固定店舗に移行する店主も多くいます。固定店舗への足がかりとして、2～3年移動店舗でがんばってみるというパターンです。

移動店舗を始めてみたら、固定店舗を持ったほうが効率的だったという理由で固定店舗を始める方もいます。商品によっては、大きな鍋やガスコンロなどの機材が増えてより広い厨房が必要になります。厨房と店舗を兼ねる場合も多くあります。

◆数年間限定の挑戦

昔、大学在学中だけ音楽活動をすることを決めて人気グループになった後、公約どおり大学卒業と同時に音楽活動を辞めたグループがいました。

移動販売というビジネスに、数年間という期間限定で挑戦するのもよい経験です。起業とはそんなに簡単なものではないと言いますが、本人が納得していれば、期間限定の起業も楽しいと思います。ただ、その際の開業資金はすべて自分で稼いだ自己資金でまかなうのを第一条件とすることをおすすめします。借金ゼロの状態で初めから終わりまで営業しましょう。

◆15年間の移動販売を経て、固定店をオープン

「自家焙煎 大月珈琲店」

神奈川県川崎市にある「自家焙煎 大月珈琲店」。店主兼バリスタの大槻伸一さんは、アジア料理店で働いて20代で独立、都内でキッチンカーを15年経験した移動販売のベテランです。10年弱ランチ弁当の販売した後、「できたてを提供したい」とコーヒー専門に切り替えて5年間。当時はコーヒー専門のキッチンカーが少なく、豆の販売をする人はいませんでした。焙煎を始めたのは、「原料が大事だと気づいたから」。焙煎機を作っている人に出会い、小さな焙煎機を購入して工

「自家焙煎　大月珈琲店」。都内でキッチンカーを15年経験した大槻伸一さんが2015年にオープン。

店内でスペシャリティーコーヒーを味わえるだけでなく、テイクアウト、直火で自家焙煎した珈琲豆を販売。

黙々と珈琲を入れる姿には、思いがけない居心地のよさがあります。

房を作り、生豆を仕入れてのめり込んでいきました。焙煎は思ったよりも奥の深い世界で、コーヒー豆の産地へ旅する等、独学で勉強を進めました。その頃のスケジュールは、週3日は都内でキッチンカー、週2日は工房で焙煎した豆の販売。忙しいイベント時は、妻の亜沙美さんも手伝いました。

最初は、固定店を持つことは考えなかったという伸一さん。「コーヒー豆は定期的に買うものなので、同じ場所で営業するほうが有利です。ところがキッチンカーだと毎日同じ場所への出店が難しかった。どこか場所が見つかったら、豆を売る店を作りたいと思うようになりました」。現在の焙煎機を譲り受けたのもその頃です。

2015年3月、商店街の空き店舗に固定店をオープン。

最初はコーヒー豆の販売をメインに、焙煎の待ち時間に座れるよう5席だけ設けて。ところが予想以上にコーヒーを飲みに来店する人が多く、喫茶がメインになってテーブルを増設。カフェや雑貨店へのコーヒー豆の卸売りも始めました。

通算4台のキッチンカーを作った伸一さん。4台目は、カフェデルシエロの青木さんに譲りました（79ページ）。大月珈琲店の壁には、移動販売車の写真が掲げられています。「年齢が上がっていくにつれて、いつまで移動販売を続けられるかなという思いも湧いてきました」。夏場はクーラーのきかないクルマの中、ゲリラ豪雨等、外での営業は過酷な環境でもあったのです。移動販売では準備と移動が大変でしたが、固定店なら出勤すればすぐに仕事ができます。「でもキッチンカーでいろいろな出店先、ライブ会場や行ったことのない場所に出掛けることが楽しかったですね。また、無駄だと思っていた移動時間が意外と大切でした。行きはその日の仕事について考えられるし、帰りには反省もできました。今は、自宅と店舗と子供の保育園が近いので行動範囲が狭くなって、休日になると遠出したい気持ちになります」。

今後は、コーヒー豆の卸売をする店舗を計画中です。「これまで人との出会いに恵まれて、ここまで来ました。今度の目標は、コーヒーでお役に立つこと。産地やコーヒー豆がどう育ってきたのか伝えていけるようになりたいですね」。

直火焙煎機の横にテーブルを設置して座席を増やした。

飲みやすい味わいのコーヒー。

店主の大槻伸一さんは「何でも始めてみないとわからない」という行動派、子供が保育園へ行っている日中にお店に立つ大槻亜沙美さんは「どちらかというと慎重派」。「実は、ランチ販売をしていた頃にも移動販売の取材を受けたのですが、その時に語っていた将来と、現在はまったく違います。最初はあまり意気込まなくてもいいのだと、今になって思います」と伸一さん。

【自家焙煎　大月珈琲店】
ホームページ：https://otsuki-coffee.jimdo.com/　インスタグラム：@otsukicoffee
Facebook：https://www.facebook.com/otsukicoffee
【連絡先】otsuki-coffee@nifty.com　TEL & FAX　044-819-4767
〒214-0021　神奈川県川崎市多摩区宿河原 3-5-41-101　**営業時間**／10：00～19：00　**定休日**／水、木曜日

固定店舗や教室と組み合わせる

◈固定店舗とのシナジー効果

すでに飲食業の固定店舗を運営している場合、厨房をセントラルキッチンとして使えますし、人気メニューを移動店舗で販売することもできます。固定店舗と移動店舗の両方を運営することによるシナジー（相乗）効果があるのです。移動店舗の運営の仕組みをしっかりと整えれば、両方の店から売上を得ることができます。固定店舗で「早朝に厨房キッチンを有効利用したい」「客層の性質により固定店舗に閑散期がある」という場合には、補填方法として移動店舗を新しく始めることもいいでしょう。固定店舗が、移動販売を始める場合には、以下の点に注意してください。

①固定店舗の人気が前提　固定店舗の売上がおぼつかない場合、移動店舗を始めることは望ましくありません。経営者の労力が二分されてしまっては、どちらも成果が上がらないことになるからです。

②人気商品を主力メニューに　自店の人気メニューが移動販売に適するものか、また他の移動店舗に多い商品ではないかを検討。移動店舗で商品化したいメニューが決まったら、出店場所での調理パフォーマンスなど、移動店舗独自のアレンジを加えます。

③アルバイト店員の教育　固定店舗とは業務内容が違い、独自のノウハウが必要。一番いいのは、固定店舗で移動店舗の担当者に適任な人材を1名選んで、初めに奮闘してもらうこと。その担当者が運営ノウハウを確立後、新規にアルバイトを雇います。

玄米と旬の野菜たっぷりのランチやスイーツを販売する「TABELL」を２０１４年に始めた宮代麻美さんは、移動販売だけでなく、ワークショップを知人と共同開催する等、仲間との出会いで活動の幅を広げています。「今後もいろいろなコミュニティに参加して、いろいろな人と知り合いたい。また畑での生産やビール作りもしてみたいです」。

玄米と旬の野菜たっぷりのランチやスイーツを販売する「TABELL」。

東京・自由が丘で見かけた素敵な花屋さん。季節の花で作るアクセサリーや季節の飾り、鉢植え等を制作するワークショップを定期的に行っている。

2章

クルマで何を売りますか？

何を、どんなふうに売るか

◈商品選びが成功のポイントの1つ

「どんな商品を売るか」の選択は重要です。商店は競争過多の状態にありますから、客層に合わせた商品選択が成功の鍵。ついつい、自分が売りたい商品を売ってしまいがちですが、「顧客第一主義」を忘れないようにしましょう。

◈何を売るか?

移動販売では「食事」「飲み物」「スイーツ」等の飲食だけでなく、「野菜」「花」「雑貨」「洋服」、そして「サービス」まで提供できます。

- **食事**　ご飯もの、麺類、サンドイッチ、パン、ピザなど
- **飲み物**　コーヒー、紅茶、ジュースなど
- **物販**　野菜、花、雑貨、洋服、帽子
- **サービス**　マッサージ、ネイルなどのサロン業

それぞれの商品によってお客様の多い時間帯を選ぶこともできますし、あなたの働きたい時間に合わせて客層や売る商品を選ぶことも可能。移動販売をしている人には、子育て中なので販売時間を限定し、仕込みを含めて子育てに差しさわりがないように時間設計している人や、本業があって自由な仕事スタイルをとるために移動販売を選んだ人もいます。

◈その他の選定ポイント

商品によって「原価率」にも差があります。例えば、飲み物の原価率は低い場合が多いようです。

仕込みの手間も、商品によって全然違います。例えば、サンドイッチは現場でできる作業も多いですが、カレーなどの煮込み料理は出店前に十分に仕込みをしておく必要があります。作り置きができる商品を選べば、仕込んだ商品が売れなくてロスをする、ということも少なくなります。例えば、煮込みカレーの場合は、前日の残りに新しい材料を加えればよりおいしいカレーになります。材料をどのように保存、冷凍できるかもポイントです。商売である以上、一定の利益が出る商品を扱わなければなりません。

売りたいもの
ショップ
なぜ
売れないのか…
SALE

女性にウケる商品・サービスを選ぼう

◆女性を味方につけよう

いつも通る道に見たことのない移動店舗があれば、人は興味をそそられます。「あそこにあったお店知ってる?」――こんな話題を口にするのは、どちらかと言えば女性のほうです。女性はおいしいものやかわいいものを見つけると、どうしても自慢したい気持ちになります。そう、移動販売は、女性に評価されれば必ずはやります。まずは女性を味方につける必要があるのです。

◆女性にウケる食べ物とは?

では、女性に人気が出る食べ物とは、どんなものでしょうか。味にも気を配る必要がありますが、特に見た目やお得感を個性的に演出する必要があります。

①**カラフルであること**　例えば、オムライス(黄色)にトマトソース(赤)をかけ、パセリ(緑)をのせれば、カラフルな3色のできあがり。

②**やわらかい舌触り**　料理の煮込み時間やお客様に料理をお渡しする直前に調理するなどの工夫が必要。丼にのせるお肉を、直前に焼いて提供するなど。

③**栄養のバランス**　炭水化物(米、パンなど)、たんぱく質(肉、魚、豆腐など)、野菜類(グリーン野菜、カボチャ、人参などのカロテンを含む色の濃い野菜)を、バランスよく含める。野菜が多いかどうかをチェックし、レタスや野菜サラダをうまく取り入れましょう。

④**値段の割に「お得感」があること**(左ページ参照)

⑤**珍しく、個性的であること**　まわりのお店では取り扱っていない料理や、お店の外観がユニークという要素。例えば、ポピュラーな親子丼を売るより、沖縄料理や台湾料理を売るほうが珍しい。

⑥**「できたて」の提供、パフォーマンス**　商品を渡す前に「今、作っていますよ」というパフォーマンスとして、何かしらの調理をする。目の前でおかずを盛る、ご飯にカレールーをのせる、クレープを焼くという姿をお客様に見せて、できたてを提供。

買いたい！　と思う「お得感」の３要素

1
一度に 2〜3 種類楽しめる
例 ・3 つのおかずが選べるお弁当
・2 人で同時に受けられる施術

2
他のお店と同じような商品が安く買える

3
その場だけの「限定」
例 ・限定〇個
・野外で、焼きたてのプロの味を味わう
・店主とおしゃべりして「おまけ」をもらう

03 定番商品にするか、話題性を追求するか

◆顧客に合わせた商品開発を

「なんとなく商品を作ったら、売れた」という偶然的なヒットもありますが、基本的に人気店の多くは、顧客の需要に合わせた商品開発をしています。出店する場所の地域性、実際の見込み客への調査をしながら、販売する商品を考えましょう。

◆保守的な地域では、定番商品

たいていの人は、テレビ・雑誌などのマスコミで頻繁に宣伝されない限り、あまり想像のつかないものは食べようとしないものです。特に、地方や子供の多い住宅街など、比較的保守的で、安全を第一とする場所では、わかりやすい定番商品が好まれます。

◆変化の激しい場所では、話題性や各国料理

逆に都心部など、情報過多で、変化を常に求めている場所では、新しい感性を打ち出す話題性のある商品のほうがよいでしょう。ただ、都会には話題性や刺激だけを求める気風もありますが、人の気持ちの奥底では安定的な商品を求めているものです。したがって、定番商品と話題性のある商品の共存が可能です。

◆大都市以外では、その中間をそろえるのが無難

リピーターを増やしやすいのは「飽きのこないもの」「なじみやすいもの」です。また、刺激を求める大都市以外で固定客をつかむには「定番の飽きのこない味に、一部アレンジとして変化のあるエッセンス（味のバリエーション）を加える」のが適策です。地方でも大都市でもない地域では、定番商品と話題の商品のちょうど中間を狙うといいでしょう。例えば、定番の丼メニューでいうと、普通のご飯の上に「安心感のある定番おかずメニュー」2品と「多国籍のスパイシーおかず」1品をのせるといった感じです。

また、コーヒー店では、定番のブレンドコーヒー、ココアなどに加えて、さまざまなリキュールを加えたアレンジメニューも何点か入れるという方法もよいでしょう。

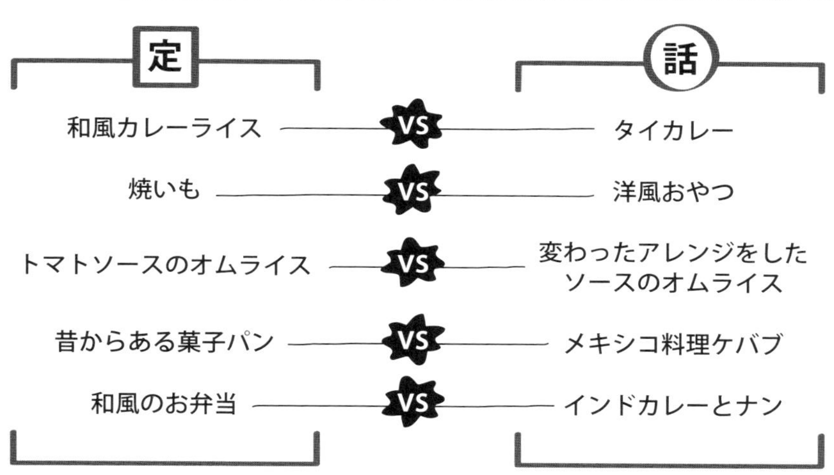
定番商品　vs　話題性のある商品
定
話
和風カレーライス
VS
タイカレー
焼いも
VS
洋風おやつ
トマトソースのオムライス
VS
変わったアレンジをした
ソースのオムライス
昔からある菓子パン
VS
メキシコ料理ケバブ
和風のお弁当
VS
インドカレーとナン

激辛！
エスニックカレー
メニューが
奇抜すぎた
かな・・・

04 どんな個性＝付加価値を売るか

お店は一見すると商品だけを売っているように見えますが、お客様が買っているのは、実はそのお店の「個性」。飲食店には、味だけではなく「雰囲気」「おもしろさ」「日常との異空間」なども求められます。

次のような付加価値のうち、あなたの店ではどんな特色を提供しますか。

①**手作り感**　移動販売の場合、商品は手作りのものや近所で手に入りにくい商品でなければ売れません。機械で大量生産した商品は、スーパーやコンビニに行けば簡単に手に入るからです。商品を調理した人の顔が見えると、「この人が作ったんだ」という安心感があります。多少商品の形が整っていないくらいのほうが、手作り感を感じさせることができます。

②**調理パフォーマンスで、エンターテインメント**　手軽で安価なコンビニのお弁当を買う人も増えました。一方で、その場で焼く、目の前で容器に入れるなどの臨場感を求めているのではないでしょうか。例えば、牛丼屋さんでご飯に牛とじをのせている場面を見るとうれしく感じるでしょう。移動販売では「その場で、その人のためだけに調理をする」パフォーマンスを提供することができます。

③**できたて、アツアツを提供**　クルマの中では、容器に入れる前に温めることができます。温かいものを受け取ると、誰しも頬がほころぶものです。

④**希少性**　移動販売では「珍しくておいしい料理」を提供すると喜ばれます。例えば、定食屋さんではあまり提供されていない各国料理が人気になるのは、希少性があるから。また、移動店舗があまり来たことがない場所に出店すれば、喜ばれます。ふと出会う移動販売車の商品は、希少性が付加価値となります。

⑤**手軽な価格**　固定店舗と比べて高い家賃が必要ないので、プロの料理人によるおいしい料理をその分安価で提供することができます。「飲食店で食べるより、何百円か安い」という価格が売りになります。

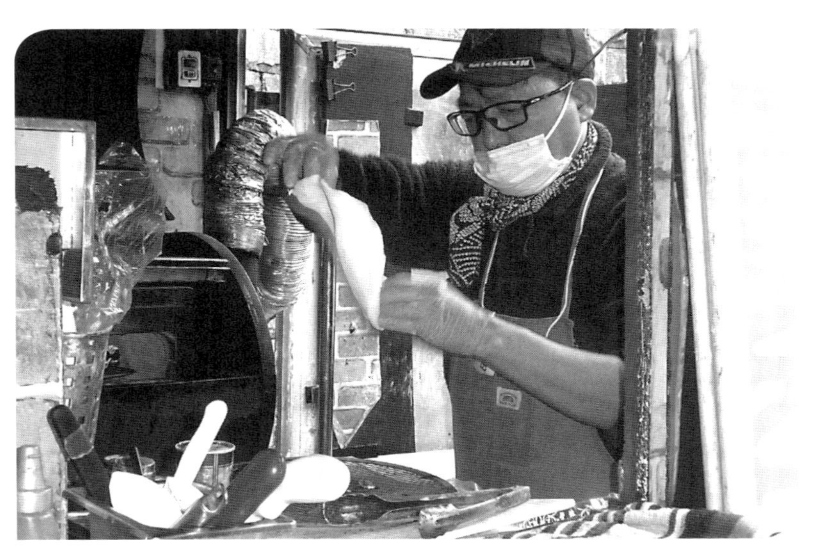
本場ナポリスタイルの焼きたてピザ「ADVENTURES ★ PARTY」では、注文を受けてから、ピザ生地を伸ばし始める。

ビジネスの6要素を考えよう

◆6項目を書き出そう

移動販売を始める際には、簡単でもいいのでビジネスの骨格を書き出し、「将来の構想」を練りましょう。ビジネスプランには、次の項目を盛り込みます。

①移動販売を始める理由、②誰に何を売るか（商品構成、顧客ターゲット）、③売上目標金額、④出店場所、時間帯に関する戦略、⑤他の店舗との違いをどこに出すか（差別化）、⑥資金計画。

①移動販売を始める理由　「どうして移動店舗を始めたいのか」を紙に書き出してみましょう。開店後に何かしんどいことがあって移動店舗をやめたくなることもあるかもしれません。そんなときに、開業前に書いた自分の初心を読み返すこともできます。

②誰に何を売るか（商品構成、顧客ターゲット）　商品構成やメニューについては、3、4章を参考に「売る商品」「顧客ターゲット層」を詳しく決めてください。

③売上目標　1日の売上、1カ月の売上目標を考えてみましょう。開業して3カ月後、半年後、1年後の売上をいくらにしたいか（170ページ参照）。

④出店場所、時間帯に関する戦略　②で決めた商品構成、顧客ターゲットに売っていくには、どんな場所に出店するのがよいか、また適する時間帯はいつなのか、ということを数パターン想定してみましょう。実際には、出店して反応を見ながら場所や時間を調整していくことになりますが、事前にできるだけ詳しく検討します（6章参照）。

⑤他の店舗との違いをどこに出すか（差別化）　他の移動店舗や競合業態（コンビニ、飲食店の固定店舗、スーパーの食品売り場など）と比べて、どこかに優位性を出すことが必要です。あなたの店にしかない強みを活かして伸ばしていくことが大切です。

⑥資金計画　開業資金、運転資金、自己資金の準備、借入れの返済予定を含めた資金計画を作成して、財務面から経営の安定化を図りたいところです。7章参照。

ビジネスの骨格を考えよう

まずはビジネスの
6 要素を書き出そう

（1）移動店舗を始める理由

（2）誰に何を売るか

商品構成

顧客ターゲット層

（3）売上目標　　万円 / 月

（4）出店場所、時間帯に関する戦略

出店場所

販売する時間帯

（5）他の店舗との差別化要素

（6）資金計画

開業資金　　万円

運転資金　　万円 / 月

資金の調達方法

06 1人で動ける仕組み作り

◈1人で働くための3つの工夫

1人で運営することが多い移動店舗で一番重要なのは、「1人でも素早く効率よく動ける仕組み作り」。特に、次の3つの事柄を工夫しましょう。

①素早く調理できる車作り　移動販売車の中に座って、どれだけ効率的に動ける内装をするか、ということはとても大切です。詳しくは5章を参照。

②効率的な仕込み　食事を提供する場合は、出店前に材料の仕込みをすることになります。おいしい料理のために仕込みには時間をかけたいところですが、ていねいに作りつつ、効率よく動かなくてはなりません。詳しくは5章を参照。

③車の中でもできることをやる　移動販売では「材料の仕込み」「車で出店場所に移動」「出店して販売」が仕事の中心になりますが、「経理処理」や「ホームページ、SNSの更新」「メールの返信」といった事務作業もあります。お客様の少ない時間帯に、車中でノートパソコンやスマートフォンで経理処理やメニュー表作りをするオーナーもいます。

また、調理を販売車で行わず、厨房キッチンで調理したものを車内で温め、保温したおかずを盛りつける方法なら、1人で運営しやすいようです。

「地球食堂」では開業から1年半、店主の堀田ゆみさんが1人で食材の仕込みから店頭営業までを担当しました。「メニューはすべて作って来るので、販売時にはお客様をできる限り待たさずに提供できると思います。一番大変なのは、大きなかたまり肉や野菜をカットすること。朝も夜も少しでも時間があれば、野菜をカットしたり、ドレッシングを作ったり。夜中12時くらいに冷蔵庫の前で泣くときもありますよ。1人で運営するのに大切なのは、メンタル面。『どうせやるからには、勝ちたい。絶対、負けない』という気持ちでやっています」。

移動店舗に必要な作業（概要）

作業内容		作業できる時間帯
商品	新商品開発や商品探し・商品作り	開店しない日（休日）
仕入れ	材料の購入（飲食店）	前日の夜、当日の朝（飲食店の生鮮品）
調理	商品の仕込み	当日
移動	商品の積み込み、車の移動	
店の運営	開店準備	
	開店、販売	
	片付け	
経理	毎日の売上集計	夜、開店しない日（休日）
	年次の税務申告	
営業活動	ホームページ、ブログ・ＳＮＳの更新	空いている時間帯、夜、開店しない日（休日）
	チラシの作成	

＊ひとりで営業する場合は、時間の使い方を工夫することが大事！

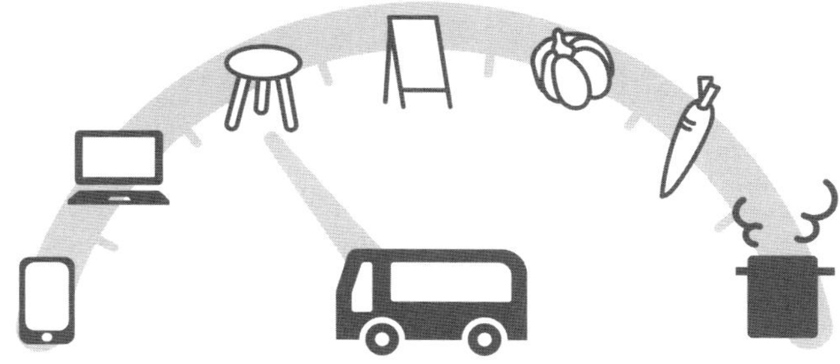

2人目の店員がいる場合、何を担当する？

◆1人は調理担当、2人目は接客担当

移動店舗は店内が狭いこともあって、1人で運営するのが一般的ですが、意図的に2人目の店員を置く場合もあります。夫婦やパートナーと一緒に起業する場合、2人が同じ役割ではなく、まったく違う分担をしたほうが成功します。

2人で販売するときは、1人は車内で調理、もう1人は接客というように担当を分けるとスムーズです。完全に1人でオペレーションをする場合は、「事前の仕込み」「調理」「接客」「会計（お金をもらって、おつりを渡す）」「お金の管理」をしますが、2人目は、このうち「事前の仕込み」を手伝い、「接客」「会計」「お金の管理」などを担当します。

◆2人目は〝笑顔で人なつっこく〟接客

まず、声をあげて客寄せし、お店に「華」を加えます。行列誘導係（206ページを参照）として、常連客の顔を覚えて挨拶を交わすなど、リピーターを増やすのも重要な役目です。

列に並んでいるお客様とコミュニケーションをとって飽きさせないようにしたり、先に注文を聞いて、厨房（車内の調理人）に伝えることで効率化もできます。会計や閉店後のお金の管理も担当します。

接客のプロとしてお客様をひきつける役目である2人目の愛想がいいと、お客様は少々待たされても列を離れません。かわいらしい笑顔の女性を接客専門に雇って成功している店舗もあります。人なつっこい笑顔と常連客へのコミュニケーションで、男性客も離さないのですから、2人目の接客スキルが大切であることを実証しています。

2人目には、コミュニケーションがうまく、並んでいるお客様にニコニコと笑いながら、世間話をするのが得意な人材を選びましょう。

また、笑顔が目立つような明るい色のユニフォームを選びましょう。

調理担当
笑顔
接客担当
・事前の仕込み
・会計
・お金の管理

移動販売を成功させる経営のコツ

移動販売を長く続けていくには、ポイントを踏まえた経営力が必要です。移動店舗で食べ物を売るのは飲食業の一種ですが、固定店舗を始めるのと同じような感覚でやっていると失敗しかねません。

◆失敗の原因を、事前に知っておこう

事業には、同じような失敗パターンが待ち構えています。例えば、社会経験が足りないと、コミュニケーション能力が低くトラブルを招いたり、接客がうまくいかず売上が伸びないといったように、クルマの外装など外見を強化するだけでは補えないリスクも多いのが移動販売。左ページのような失敗原因を事前によく知って、開業前に対策を立てておきましょう。

◆小さく始めること

まずは、少ない資金で小さく始めること。本書では小資金で開業ということを強くおすすめしています。移動販売の場合、最適な場所を探すことがとても重要なのですが、売れる場所を見つけるまでに時間がかかる可能性もあります。また、価格の高い大きなクルマを購入するために借金をして開店すると、売上が少ない段階では借入れの返済などで苦しい生活を強いられてしまいます。

◆体力に自信がなければサポーターを確保

移動販売は、固定店舗に比べて体力のいる商売です。毎日、固定店舗以上に汚れるクルマの掃除、長時間の運転、狭い車内でのオペレーション、重い機材やプロパンガス、鍋の運搬等で腰を痛めてしまうことも多いようです。もう1人サポーターがいれば、仕込みや接客、重いものの持ち運び等を分担することもできます。

玄米と旬の野菜たっぷりのランチやスイーツを販売する「TABELL」の店主、宮代麻美さんは、「出店場所まで毎回2時間くらい運転します。食材の仕込みやクルマに運び込むことも大変です。家族やいろいろな人に助けられています」。もう1人のサポーターは、夫婦、兄弟、友人などでもよいでしょう。

失敗しやすい場合

1. 売れる場所がまったく見つからない
2. コミュニケーションが苦手で接客がうまくできない
3. 体力的に続かない
4. 需要のない（人気の出ない）商品を売っている
5. 借金が返せなくなる
6. 初めに売上目標を高く見積もりすぎたために、財務計画がうまくいかない

3章

クルマがお店！
商品を並べる物販とサービス

01 仕入れた商品・作った商品を移動店舗で販売！物販に必要な資格・許認可

商品によって、販売に資格や許認可を必要とする場合があります。代表的なものは次のようなものです。

◆「洋服」「バッグ」「雑貨」の販売に必要な資格

新品の洋服やバッグ、雑貨を販売する場合は、必要な資格や許認可は特にありません。気をつけたいのは、「古着」を販売する場合。中古品を仕入れて販売するには、営業場所を管轄する警察署の「古物商許可」が必要です（営業場所とは出店先駐車場でなく、固定の事務所を意味します。自宅の場合も多いようです）。所轄警察署の生活安全課で申請してから許可取得まで40日くらいかかるので、早めに申請しておきましょう。

◆「野菜」の販売に必要な資格

野菜の販売に、特定の資格はありません。販売時には食品表示法に従って、「野菜の名称（例：〇〇キャベツ）」や「生産地（都道府県）」を記載する必要があります。また野菜の仕入れをする際に、野菜の目利き力が要ります。野菜や果物を「ジャム」や「（塩漬けやぬか漬け以外の）漬物」等に加工する場合は、130ページにあるような所轄保健所の営業許可が必要です（2018年食品衛生法改正によって、届出業種が新設される見通し。都道府県によって違いがあるので、事前に所轄保健所に問い合わせる）。加工品を仕入れて販売する場合、特定の資格は必要ありません。

◆「花」の販売に必要な資格

花の販売を行うこと自体に、資格は必要ありません。寄せ植えや自分で育てた苗は、農林水産省に登録された品種以外は、販売に許可は必要ありません（品種登録された植物は、農林水産省ホームページで参照）。しかし、花卉市場で生花を仕入れる際は、各市場での免許申請が必要となる市場も多くあります。

◆「本」の販売に必要な資格

新刊書を販売するには、取次会社との口座開設が必要です。古書を扱う場合は、営業場所を管轄する警察署の「古物商許可」が必要です（前述を参照）。

移動式本屋「BOOK　TRUCK」では、新刊書、古書、洋書、リトルプレス、雑貨を販売。

移動式本屋
「BOOK　TRUCK」
オーナーの三田修平さん

東京・渋谷から「カワイイ」を発信している「SHIBUYA REPUBLIC」。フォルクスワーゲンTYPE2の車内にオリジナルロゴのTシャツやトレーナー、帽子等が並ぶ。

02

ネットショップと移動販売の連動

雑貨の移動販売「Zakka MiniMini」

上山 美鶴子さん

フレンチガーリーな海外輸入雑貨のお店「Zakka MiniMini」を運営する上山美鶴子さん。２００３年１月、ネットショップの開設とほぼ同時に、移動販売を始めて、各地のイベントに参加しました。

「イベントに行くとテンションも上がって１日が短く感じられましたが、その前日には商品を全部積み込めるかどうか、１９７４年製の車だったので途中で止まってしまわないかとか会場までたどり着けるかどうか、毎回ドキドキでした」。

◆雑貨の組み合わせや陳列を考えるのが好き

子供の頃から、実家の店にある手芸品売り場で雑貨の組み合わせを考えたり、陳列することが楽しくて、空間をコーディネートして、１つの世界観をまとめることが好きになった上山さん。

「雑貨屋さんをやりたい」と漠然と考えた20代後半に、書店でネットショップに関する１冊の本に出会います。まだウェブショップが少なかった時代ですが、「ネット上にお店を作ってみたい」と思っていた２００２年冬、たまたま出会った黄色のROVER MINI。後部スペースが広く、ドアは観音開きで「まるで夢への扉に見えました。ドアを開けたときに、『ここで飛び込まないで、いつ飛び込むの？』という感じがしました。自分が思っていたようなお店がリアルの世界でもできると、想像が膨らみました」。

開店当初は、問屋街で見つけた商品やハンドメイド雑貨を並べていたけれど、ネットコミュニティ上で知り合った友人とのフランス旅行がきっかけで、フランスが好きになり、「フレンチガーリー」というコンセプトに。それからは、商品をネット上にアップすると、海外在住のバイヤーから、珍しくてかわいい商品の連絡が来るようになりました。

◆ネットを見て来てくれるお客様が増えた

ブログに載せた写真やクルマが掲載された雑誌を見て来店してくれたり、イベント参加の声がかかったり、

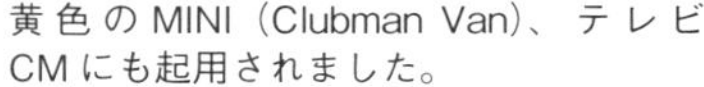
黄色のMINI（Clubman Van）、テレビCMにも起用されました。

イベントへの出店の様子。

テレビ出演やCMに起用されたりと、ネットと移動販売の相乗効果で活動が広がっていきました。おしゃれな移動販売車は、お店やイベントの集客ツールにもなったのでしょう。思いがけない出来事ばかりで、「ちょっと普通からかけ離れた超特急」な6年間が過ぎました。

車のメンテナンスが難しくなった2009年に移動販売は終了。移動販売は、体力を使う仕事です。出店前は商品や陳列台を車に積み込んだり、出店時には陳列して、そして商品を丁寧に片づける。雨が降ったらすぐに片づけ。

「Zakka MiniMini」は18周年を迎えます。そして今、乗っているのは、フランス・ルノー社の黄色のカングー。以前の車に形がよく似て気に入っています。「お店の何周年記念で、また移動販売を復活するかもしれません」

店主の上山美鶴子さん

商品は、フランス、ドイツ、イギリス、アメリカから輸入。

海外の印刷物等でコラージュした素敵なラッピング。

新商品の組み合わせから撮影、サイトのデザインまで上山さんが手掛ける。

【フランス雑貨・輸入雑貨『Zakka MiniMini』】
ウェブショップ：https://zakka-minimini.com/
インスタグラム：@zakkaminimini
Twitter：@ZakkaMiniMini
Facebook：https://www.facebook.com/zakkaminimini
【連絡先】 info@zakka-minimini.com

写真提供：Zakka MiniMini

03

ハンドメイド作品、手作りスイーツを売る
「cake pop Felicite（フェリシテ）」

今泉 ひろみさん

アメリカ発祥のスイーツ「ケーキポップ」の専門店「cake pop Felicite（フェリシテ）」。ひと口サイズのケーキにチョコレートをコーティングして飾りつけたケーキポップ、そしてワンちゃん用の「ドッグポップ®」もあります。週末を中心に、東京近郊の大きな公園や遊園地、マルシェ、フェスティバル、スーパーマーケットの駐車場等に出店しています。

店主の今泉ひろみさんは20年働いた企業を辞めて、２０１３年12月に開業。「移動販売を始めよう」と思い立ったのは同年のゴールデンウィーク、８月に退職して12月に出店するまであっという間でした。

娘さんがトリマーの仕事をしているのをきっかけに、「愛犬とおそろいで食べられるスイーツ」をテーマに、ドッグカフェの移動販売車版をイメージしました。「お菓子作りはほとんど経験がなかったので、本屋にレシピ本を探しに行きました。そしてケーキポップの本に出会い、これなら私にもできると思いました」。退職金で軽トラックを購入し、荷台に乗せるキッチン兼店舗ボックスを業者に発注。シンク、冷蔵庫、収納棚の位置を伝えてフルオーダーし、総額１２０万円弱かかりました（軽トラック購入費は別途）。

営業を始めると、地元の新聞やテレビ番組「ぶらり途中下車の旅」で取材を受けました。「犬用『ドッグポップ®』が人気になる！ と思い、まわりの人にもすすめられて商標登録をしました」。

◆ハンドメイド作品も販売

最初は、喫茶店営業と菓子製造業の営業許可だけでしたが、「軽食をメニューに加えて欲しい」という要望で、飲食店営業許可を取得しました。商品作りは、なるべくコストをかけず、あるものを活用しています。ケーキポップ、ドッグポップ®に、コーヒーやサイダー等のドリンク、スープパスタ、女性や子供に喜んでもらえる商品として「氷パフェ（５００円）」もあります。また、愛犬家向けのイベント時には、ハンドメイドの

アメリカ発祥の人気スイーツ「ケーキポップ」の専門店「cake pop Felicite（フェリシテ）」。

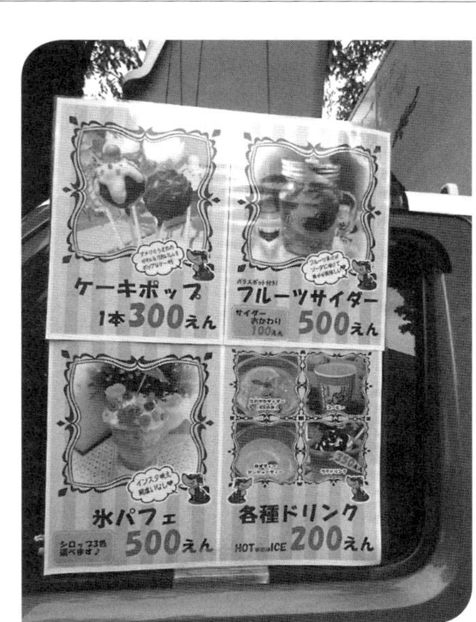

ケーキポップ　300円、
ドッグポップⓇ　400円、
コーヒー、ゆずティー、
サイダー　200円、
フルーツ入りサイダー　500円。
氷パフェ　500円。
スープパスタ（グリーンカレー、
レッドかれー、クリームシチュー、
ミネストローネの4種）400円。

犬用グッズを販売。犬用のリボンや洋服ハンガーを今泉さんが、チョーカーを娘さんが手作りしています。

これまで一番つらかったのは、移動販売を始めたばかりの頃、パン屋に頼んで作ったホットドック用のパンが大量に売れ残ったこと。１００個は必要、と聞いて用意したものの、イベント当日は80個近く売れ残りました。「買取りなのかどうかをきちんと確認しなかったのです。たくさん破棄するときには、涙が出ました」。その後、「商品は、売れなくても捨てなければならないし、足りなくてもお客様に提供できない」という飲食業ならではの悩みを痛感しています。

一方、移動販売には、出店場所やキッチンの装飾もすべて自分で決められるという長所もあります。

店主の今泉ひろみさん

店内で、ケーキポップを手作り。

見た目もかわいらしいケーキポップ（300円）。おから粉と豆乳で焼き上げた甘さ控えめのスポンジ生地、無脂肪ヨーグルトとクリームチーズを混ぜたケーキボールに、チョコレートをコーティング。チョコペンとドライフルーツ、ナッツ類でデコレーション。

ワンちゃん用ケーキ菓子「ドッグポップ®（400円）」の食品サンプルを店頭に展示。「商品の見本を出しておくかどうかで売れ行きが違うので、食品サンプルを1本8,000円で制作しました」。ドッグポップ®には、犬用チョコレートやフリーズドライの国産野菜やフルーツを使用。ケーキポップとドッグポップは、冷凍保存が3カ月可能なので、愛犬家へのプレゼントとしても喜ばれている。

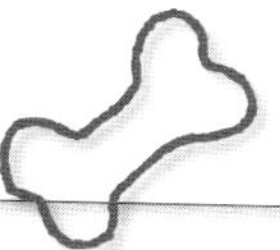

【cake pop Felicite（フェリシテ）】
ブログ：https://ameblo.jp/cakepop-felicite/
【連絡先】 hiromi707@icloud.com

04

八百屋さん
八百屋 car「tsutaebito」 佐野 裕希さん

新鮮な採れたて野菜を届けることができる、クルマの八百屋さん。野菜の移動販売は昔からある業態ですが、「安心して食べられる野菜や果物」へのニーズが高まる昨今、生産者、売り手、買い手の近い距離でのコミュニケーションが求められています。「その日に採れた野菜」を届けられるのは、移動販売ならではです。

◆歯科技工士からの転身

大阪の堺市、大阪市を中心に野菜を販売している八百屋 car「tsutaebito（つたえびと）」。出店の朝、南大阪や和歌山の小さなこだわり農家を回って、農薬を使わない旬の野菜を仕入れて出発。出店場所は曜日ごとに違い、1日に2～4カ所、それぞれの場所で30分から1時間で販売します。ふと足を止めるお客様と、野菜の話をしながらの接客です。

店主の佐野裕希さんは20代の頃、歯科技工士として10年近く働いていました。結婚を機に「食事でカラダを改善したい」と話し合い、自然な暮らしの本に感化されて農業に興味を持ち始めました。そして「畑を中心にした生活がしたい」と、パーマカルチャーや自然農法の本を読んで学び始めました。そして仕事を続けながら、週末に農家を手伝いに行きます。専業農家として食べていける若手が少ない現状を知り、「生産したものを加工したり、パンを作って販売したい」と、カフェやパン屋でアルバイトをしながら模索。そして、近郊の農家で採れた野菜を販売する八百屋の開業に行きつきました。固定店舗だと家賃や光熱費等の経費が多くかかるので、〝しばり〟が少ないクルマで営業を始めることにしました。

２０１４年に、軽トラックに野菜を積んで移動販売をスタート。ホロをつけた荷台に野菜を並べていたので「クーラーがなく、夏場は長い移動時間に野菜が傷んでしまう」という課題に直面します。そこで開業から約2年後、現在のワンボックスカーに乗り換えまし

大阪府堺市、大阪市を中心に野菜を販売している八百屋 car「tsutaebito（つたえびと）」。

季節の野菜が詰まった棚は、思わず覗き込みたくなってしまう。

た。後ろの座席を外して2人席とし、広いスペースを確保したので、野菜を多く積むことができます。クーラーがきくので、夏でも商品が傷まなくなりました。また、クルマの後ろドアは上に開くので雨の日にも濡れにくく、野菜を並べる扉も開閉しやすい形に設計し、1、2分でドアを閉めてすぐに発車が可能。軽トラックで使っていた棚のサイズを変えてペンキを塗り、野菜の陳列棚を1日で仕上げました。

◆小さなこだわり農家とのつながり

野菜は、その日の朝や前の晩に仕入れます。「収穫してから2日以内に、お客様の手に届くようにしています」。

取引先の農家は、畑を手伝いに行って野菜のことを教わった方や知り合いの農家に紹介してもらった農家等、口伝いでつながっていきました。近年は、新規就農する農家も増えています。都市近郊型の小規模な農家は、多品目を育てるので収穫量は少なく、大規模農家に比べて収穫時期も短いのが特徴です。「農家さんの個性もそれぞれ、小規模な分、こだわりを持って季節の野菜を育てることができます」。

佐野さんの強みは、朝、農家さんと直接会って野菜のことを教わり、その足でいろいろな消費者の元に向かうこと。「最初は、僕のことを信頼してもらうまでに時間がかかりました。数年経って、『この時期に、こんな野菜があるといいのではないか』という話もできるようになりました」。消費者の情報を農家に伝えることも仕事の1つとなっています。

◆1日に2～4カ所で販売。売り切ることが楽しい

出店地は、堺市や大阪市のカフェや雑貨店の前など、曜日ごとに決まっています。開業から5年間で、出店場所はかなり変化してきました。出店の依頼は、営業中に来て、「カフェをオープンするので、店の前に出店して欲しい」等の話があります。移動ルートに合致する場合は、出店場所として組み込んだりします。

1日に2～4カ所で営業するので移動が多く、販売よりもクルマの運転時間のほうが長い毎日。移動中には音楽を聴きながら、事業についていろいろな考えを巡らせます。「仕入れた野菜がすべてなくなるまで販売して帰る、という1日を作ることが面白い。どのようにして棚を空っぽにしていくか、みたいなことを毎

手作りの看板

店主の佐野裕希さん

日考えながらクルマに乗っています」。

今は、ストレスがまったくありません。デスクワーク時代は徹夜をする日もありましたが、現在は夜7、8時に帰宅して、家族と食卓を囲むこともできる規則正しい生活です。「納期に追われることはなく、対面販売がメインなので、注文は取らずノルマもありません。昔は注文書を作っていましたが、小さな農家さんの場合は、ある期間に決まった野菜が確実に収穫できるとは限らないので、現在は注文を取るやり方はしていません」。また、いろいろな地域に知り合いの八百屋さんがいて、南大阪の野菜を卸売りしたり、自店にない野菜についてはその店を紹介します。移動店舗という特性から、同業の八百屋さんとも共存しているのです。

◆営業トークより、自信を持って語れること

同じ場所への出店は、週に1回。毎週顔を合わせるお客様が何年も続けて来てくれます。野菜の説明をしながら販売する佐野さんですが、実はもともと、あまり口数の多いタイプではなかったそう。「どちらかというと部屋にこもってデスクワークをする感じで、サービス業の経験もあまりありません。ですが、今売っている野菜については、自分がいいと思えるものなので、自信を持って話ができます」。

農家や八百屋、お客様等、「直接関われる人達の中で、細かく動いていく」のが佐野さんのスタイルです。そして、自分達らしい農業の形も探し続けています。現在は佐野さん夫婦も堺市に畑を借りて、「醤油」を作るための大豆を育てています。近いうちに、佐野さん自家製の醤油も店頭に並ぶことでしょう。「移動販売の八百屋にチャレンジする若い人達を増やしていきたい」。佐野さんの「クルマさえあればすぐに始められる」という言葉には実感がこもっていました。

客層は女性が多く、
子育て中の人も多い。

店主の個性によって、客層は違うもの。「『押し売りをしないので来やすい』と言ってくれるお客様もいます。他の八百屋さんと隣り合わせで出店した際は、買っていかれるのはまったく別の雰囲気の方でした」。

【八百屋 car　tsutaebito】
ホームページ：https://tsutaebito.amebaownd.com/　インスタグラム：@tsutaebito
Facebook：https://www.facebook.com/tsutaebito/　ブログ：https://ameblo.jp/tsutaebito/
【連絡先】 tsutaebito2014@gmail.com

05

洋服屋さん

ジーンズショップ「Deniman／デニムマン」

新倉 健一郎さん

◆試着、販売から裾直し、リペアまで対応

神奈川県西部、湘南エリアを中心に、キャンピングカーでジーンズを販売する「Denimman／デニムマン」。クルマの横に厳選したジーンズ、ハンガーに季節によってセレクトした上着やシャツ、Tシャツが並びます。ジーンズショップに30年近く勤めた新倉健一郎さんが、2016年2月に始めたお店です。

キャンピングカーを選んだ理由は、ジーンズを立ったまま試着できるから。車内に積んだミシンで、ジーンズの裾直しやリペア（お直し）まで行います。定番商品は、岡山県倉敷・児島で製造されるJapan Blue Jeansや女性向けブランドSweetCamelなど、1万円台で高品質な国産のジーンズです。

◆じっくりと信頼を築き、出店場所を増やした

開業から3年間にさまざまな場所に出店、移動販売仲間に声をかけてイベントも企画しています。「他にない業態なので、試行錯誤しながらやっています。当初はお客様の所に出張する営業スタイルを増やしたいと思いましたが、まずは同じ場所に継続出店して信頼を築く方法に切り替えました」。そこで1週間のうち平日3日は、神奈川県平塚市で開催するChooChooマルシェ（レストランの定休日を借りて、新倉さんが主催）やカフェやバーの横、そして土日曜はイベントに出店しています。出店場所のオーナーと時間をかけて信頼関係を作っていけば、「店の前に出店してもいい」と言ってくれるお店は意外に多いそうです。

◆オリジナル製品も楽しみながら企画

「実店舗で働いていた頃は、お客さんを待つ時間にはストレスがありました。移動販売は外に出ると、まったく知らない人に出会えて話も始められます」。

また、実店舗に比べて損益分岐点も低く、ジーンズ製の半纏、Tシャツ、ポロシャツ、布バッグなどのオリジナル製品も楽しみながら企画しています。新倉さんらしいブランドを構築している最中です。

ファッションブランド「SHIBUYA REPUBLIC」。東京・渋谷を中心に出店。フォルクスワーゲン TYPE2 に、カワイイけれど手頃な価格の商品を並べて販売。オリジナルロゴの T シャツ（3,000 円）やトレーナー（3,500 〜 4,000 円）、帽子（2,000 円）、ショッピングバッグ（1,200 円）等。

新倉健一郎さんがジーンズカジュアルを販売する「Denimman/ デニムマン」。ジーンズに合うシャツや T シャツ等のトップスも販売中。

【デニムマン】
ホームページ：https://denimman.jimdo.com/　**Facebook**：https://www.facebook.com/Denimman50/
Twitter：@ denimman50　**インスタグラム**：@denimman_kn

【連絡先】 denimman50@gmail.com

下段写真提供：Denimman

06 クルマを店舗に！「サロン」「ネイル」「ジム」、広がる可能性

物販やフード販売だけでなく、1人で・クルマ1台で提供できるサービスはたくさんあります。

◆マッサージサロン

72ページでご紹介するのは「マッサージサロン」。ゆったりと横になるスペースがあれば、マッサージサロンをクルマで開くことも可能です。駐車スペースがあれば、椅子を置いて肩甲骨マッサージを施すことも可能でしょう。特に上半身のみ、足裏マッサージやハンドマッサージなら、小さなスペースで提供できます。

◆ネイル

ネイルサロンには、固定店舗型や移動式（携帯電話で連絡を受けて、その方の元に伺う）の形態がありますが、クルマをサロンとして活用することもできそうです。ショップカーのネイルサロンなら、お客様がビルの上まで上がる必要がなく、事前予約も不要。ネイリスト側も高い家賃は必要ないので、少し安価なサービスも提供できそうです。10分間1０００円ネイルといった簡易的なサービスは、オフィス街で喜ばれる可能性があります。ただ、冬や真夏、雨天の日は長時間をクルマ付近で過ごすことは難しいので、固定サロンとショップカーとの使い分けが必要となるでしょう。

◆スポーツトレーナーやジム

青空の下でヨガ、という催しが随所で開かれていますが、ショップカーでも同じサービスが提供できそうです。なにしろヨガやスポーツのトレーニングは、トレーナー1人と音楽、広いスペースがあればすぐにできます。クルマから音楽を流して、ストレッチやダンスをするなんて最高に楽しくないですか？

◆レッスン、カウンセリングや占い

カフェで、英語教師から英会話レッスンを受けている人を見たことがありませんか？　駐車スペースがゆっくり過ごせる場所なら、青空の下で〇〇レッスン。また、ネットでしっかり集客できるなら、一対一でカウンセリングや占いもできるかもしれません。

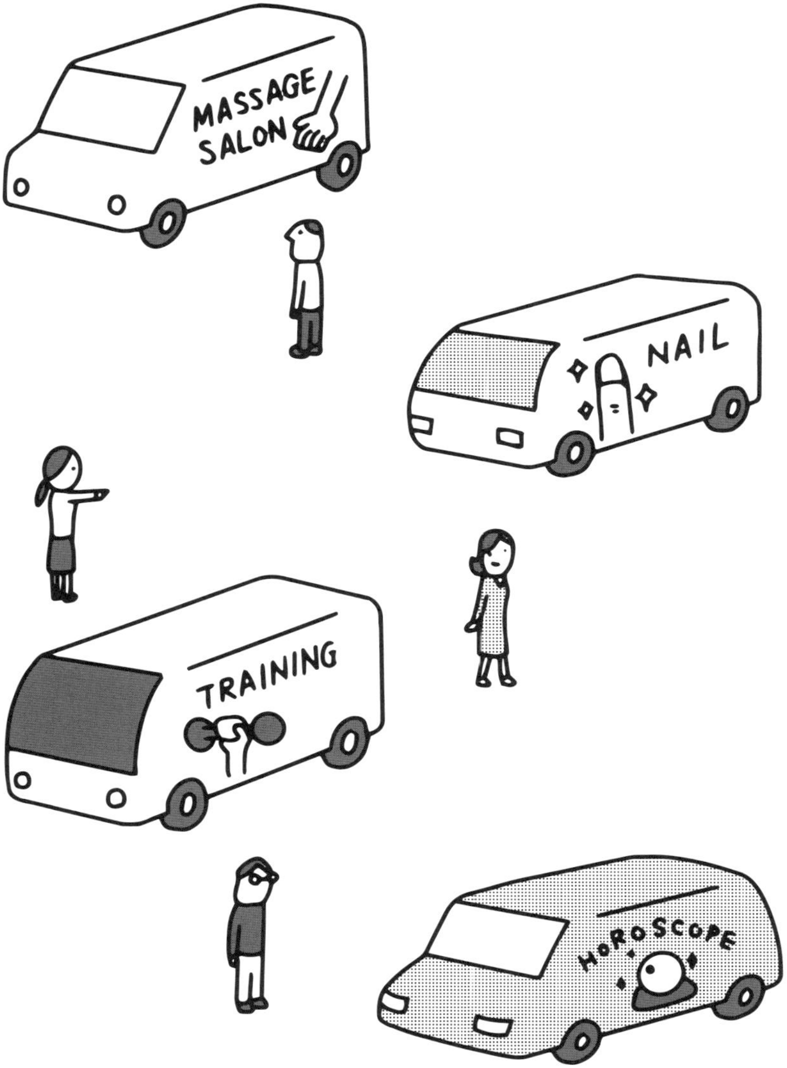
MASSAGE SALON
NAIL
TRAINING
HOROSCOPE

07

移動型のリラクゼーションサロン

「ポケットキャビン」

五十嵐 貴博さん

移動式のリラクゼーションサロン「Pocket Cabin（ポケットキャビン）」。五十嵐貴博さん（以下、貴博さん）は、車がけん引して移動できる木製の小さな家（タイニーハウス）でソフト整体や足つぼ、タイ古式マッサージのサロンを営んでいます。普段は新潟県長岡市にある洋菓子屋さんの敷地内に停車しています。

貴博さんは27歳で独立して、株式会社アドベンチャートリップを設立し、長岡市と柏崎市でマッサージサロンを3店舗経営していました。貴博さんがこの業界に入ったきっかけは、数々の仕事を経験した中で見かけた「整体師募集」の文字。学生時代にサッカー部で先輩のマッサージをした経験を思い出し、軽い気持ちで飛び込んで約20年。

「お客様に『体がラクになった』『マッサージが上手だね』と言われ、初めて人に認められた気がして、この道でやっていこうと思いました」。

多い時には20名のスタッフを抱え、若いスタッフと同じ目線に立つマネジメントでそれぞれの力を引き出し、さまざまなマッサージ手技やアロマテラピーも取り入れ、多くのスタッフが育ちました。

２０１４年には新潟県燕市の森の中に３６５坪の土地を50万円で購入して、「FREE ART FIELD Kugami」というキャンプ場をセルフビルドしています。Facebookでの呼びかけで集まった人達と、混合土を袋に入れて積み上げるアースバッグ工法でドームや家等の建造物を制作。「完成するとボロボロ泣く人もいるくらい、仲間達と最高のひとときや一緒に作る達成感をシェアできます」。今では、アースバッグ工法による制作依頼や講師として全国各地に呼ばれています。

「趣味でやってきたアースバッグ工法が生業（なりわい）になってきたので、『好きこそものの上手なれ』だと思います」。土に触れて心も穏やかになり、競争社会よりも共生社会への想いを馳せるようになりました。

リラクゼーションサロン「Pocket Cabin（ポケットキャビン）」。施術料金は、ボディケア 40 分 3600 円〜。

五十嵐貴博さんと妻の利恵子さん。「常識にとらわれずに行動して、少年少女に夢を、そしてかつて少年、少女だったことを忘れていない大人達に希望を与えていきたい。永遠の中二病です」という貴博さん。元幼稚園教諭で保育士資格を持つ利恵子さんに子供の面倒をみてもらいながらの施術も可能。

そしてリラクゼーションサロン3店舗を譲渡し、複数の事業に取り組み出した貴博さんが選んだのが、移動式サロンでした。

「固定店は〝待ち〟の商売なのですが、もっと攻めの営業がしたいと思いました」。

◆オーダーメイドの木製タイニーハウスで

木製のキャンピングトレーラーの存在を知り、幅2・2メートル、長さ6メートルのタイニーハウスを、2018年11月に大分県の業者にオーダーメイド発注。2人分の施術スペース、またキッチンカーとしても使用できるよう2槽シンクをつけました。

40日間の家族旅を兼ねてタイニーハウスを引き取りに行き、2019年1月にオープン。店内の装飾やふたつのハンモックは、もの作りの好きな利恵子さんが制作。

「自分の好きなことを生業にしながら、楽しい人生を送りたいと思うようになりました。ハンモックを習いに行って、3日で作り上げました」。

天然の杉や桐の香りがする店内は心地よい空間です。また、イベントや出店依頼によって、出店場所に移動して「コッペ屋　ポケットキャビン」としてコッペパンを販売しています。

今後は、お客様の自宅庭、海や山に移動して施術、企業に出向いて福利厚生サービス等、攻めの営業をしていきたいそうです。

いくつもの事業を立ち上げると、「すべてが同時進行で、考えることが本当にいっぱいある」状況ですが、「仕事、遊び、暮らしのすべてを結びつけたライフスタイルを構築したい」と挑戦中です。

店内には、2人分のマットを敷くことができる。ハンモックに寝て施術を受けることも可能。店内にふたつあるハンモックは、利恵子さんの手作り。「将来は、ハンモック作りのワークショップを開催したい」。

車でけん引して出店場所まで移動。

アースバッグ工法で建造物をセルフビルドしている、新潟県燕市の森の中にある「FREE ART FIELD Kugami」。1日1組限定の「日本一小さいキャンプ場」としての貸出しも行う予定。

【Pocket Cabin（ポケットキャビン）】
ホームページ：https://pocket-cabin.com/　インスタグラム：@ pocketcabin
Facebook：https://facebook.com/pocketcabin/

【連絡先】 pc.gypsy.2018@gmail.com　新潟県長岡市古正寺町 2-50　PATISSERIE VIGO 古正寺 LABO 敷地内
営業時間／ 10時～19時半（完全予約制）　**定休日**／火曜日定休、不定休

P.75 の写真提供：Pocket Cabin

4章

食べ物を売る フードカーを 始めよう

ドリンク中心のカフェ屋台

◆メニューは、コーヒーが中心

移動販売は、ランチメニューやおやつなどの食べ物を中心に商売をしている場合が多いのですが、コーヒーなどの飲み物を中心に売るお店もあります。

最近は、コーヒーチェーン店が増えていることからもわかるようにカフェブームが過熱しています。移動店舗でも、コーヒーをメニューの中心にしたお店があります。メニューは、ブレンドコーヒー、エスプレッソ、カフェオレといったコーヒーに加えて、ココア、紅茶といった定番の飲み物が中心です。コーヒーに合うおやつ（100円～200円）を売っているお店もあります。また、紅茶などをメインにした専門店もあります。

人気の店は、自家焙煎するコーヒー豆にこだわるとか、駅前にある駐車場を借りて長年定位置で営業する、テレビや雑誌の取材を受けて知名度を上げる、固定ファンを定着させるなど地道な努力をしています。

◆単価が低いので、短時間決戦は難しい

ランチメニューの500円以上の価格帯に比べて、コーヒー、紅茶といったドリンクメニューの価格帯は、高くても400円前後でしょう。単価が低い商売なので、ランチメニューのように正味1時間半で1日の目標売上をあげるということは難しい商売です。自然と、1日の営業時間も長くなります。人通りが1日中途切れない場所で、平日であれば朝の出勤時間から帰宅する夕方まで出店して、オーナーが生活できるくらいの売上をあげるような感じになります。

◆出店場所は、座って飲む場所があるところ

コーヒーなどのドリンクは、クレープなど歩きながら食べるおやつと違って、どこかに座る場所が必要です。座れるスペースがある繁華街、公園などに立地するのがよいでしょう。お客様の半数は「コーヒーを買ったら、あのイスに座って飲もうかな」とどこで飲むかを決めて、初めて屋台に並びます。

移動型カフェ「Caffé del CIELO（カフェ デル シエロ）」。青木裕司さんがコーヒーチェーン店で働いていた時に、大月珈琲店（26ページ）のキッチンカーに出会った。週末にキッチンカーを手伝った後に独立。大月珈琲店から移動販売車を譲ってもらい、自身のコーヒーマシンを積み込んで営業中。今では、２台目も稼働中だ。

大月珈琲店にて焙煎されたスペシャルティコーヒーを独自ブレンド。ブレンドコーヒー 400 円、シングルオリジン 500 円、カフェラテ 400 円、ヘーゼルナッツラテ 430 円等。季節に合わせたドリンクも販売。

オーナーの青木裕司さん

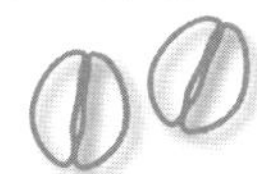

【Caffé del CIELO】

Twitter：@caffedelcielo　Facebook：https://www.facebook.com/caffedelcielo/

【連絡先】 caffe.del.cielo@gmail.com

食事を提供する店舗、弁当屋

現在、最も多いのが、ランチメニューなどの食事を提供する移動店舗です。昼食を食べることは誰にとっても必要なものなので、確実な需要があります。客数の多い場所を探してその場所で安定的に商売ができれば、一番収益が見込みやすいと言えます。

◆①出店場所で調理するタイプ

狭いスペースにシェフが1人しかいないため、調理をしているところが全部見えてしまう、つまり、調理の過程をすべてお客様に見せることができるという移動店舗の長所をうまく活かせるタイプです。お客様の目の前で素早く調理して、できたての料理を提供します。オムライスのとろとろ卵を焼く、ご飯の上にのせる焼肉を焼く、スブラギ（ギリシャ風串焼き）を切るなどがその調理動作です。

◆②出店場所で弁当箱に詰めるタイプ

ご飯やおかずは、出店前にすべて調理しておき、出店場所でお弁当ボックスに詰めるタイプです。数種類のおかずから2～3品、またはカレーのルーをお客様に選択してもらったりします。「おかずを選ぶ」という行為が、楽しさを増します。完全にできあがったお弁当を売っている場合と違い、ご飯やパスタをかなり温かい状態で提供できることがポイントです。

南インドカレー「MILLAN（ミラーン）」では、直輸入したスパイスの効いたカレー2種類から選び、サフランライスとともにランチボックスに詰めます。

◆③完全にできあがった弁当を売るタイプ

大都市や地方都市で、オフィス街に出店しているお弁当屋さんに多いタイプ。お昼時に、大きなオフィスビルの横に隣接して、おいしいお弁当を比較的安価で売ります。コンビニのすぐ近くや自動販売機の横など、飲み物とセットで購入しやすい立地を探すのもよいでしょう。

いつも同じ場所に出店していれば、固定店舗と変わらない雰囲気で認知してもらえます。

タイ東北部の郷土料理チキングリル（ガイヤーン）と豚トログリル（コームヤーン）の２種盛り、ジャスミンライスとヤムウンセン（タイ風春雨サラダ）つき「タイスタイルBBQコンボ」（800円）。ふっくらした肉に、ナンプラーやタイ醤油等５種類をブレンドしたつけダレ（ナムチムジェオ）がよく合う。

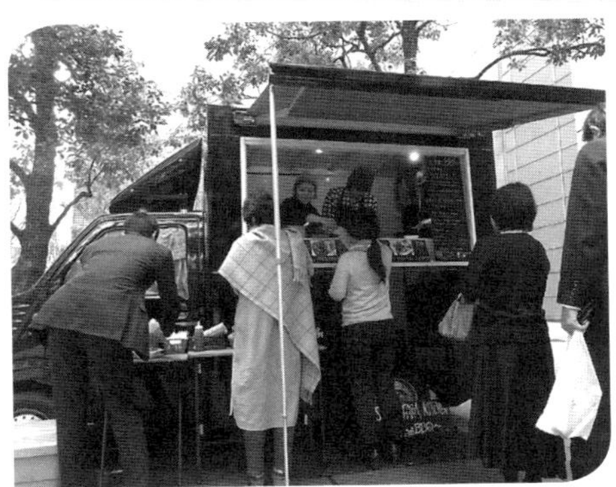

タイ風バーベキュー専門店「STREET FARM KITCHEN」。

「地球食堂」では、おかずを盛りつけながら、毎週通ってくれる常連客とにこやかに会話が進む。移動販売では、お客様とのコミュニケーションが生まれる。些細な話も嬉しい。

03 軽食、おやつ屋

◆出店場所は、女性や子供連れの多い繁華街

クレープ、鯛焼きのようなおやつやたこ焼き、ホットドッグのような軽食を販売する店舗も根強い人気があります。出店場所は、10～20代が集まる「繁華街」や年中人出の多い「観光地」、「イベント」が適しています。スーパーやショッピングモール等、地域の人が集まる場所もいいでしょう。

ランチメニューを販売する店舗の売上が平日に集中するのとは逆に、軽食やスイーツを販売する店舗は土日祝日の売上が平日よりも多いのが特徴です。曜日を問わず客数が多い大型ショッピングモールや観光地など、1週間を通して一定の売上を確保できる場所探しと出店交渉がキーポイントになります。

①たこ焼き、焼いもなどの和食系おやつ　老若男女を問わず、誰でも親しみがあります。座って食べるスペースが近くにあること、小学生から高校生までの子供が通る通学路や繁華街に出店する、食べやすいケース、次々と新しく焼いている姿を見せる、焼きたてを提供することなどがポイントになります。

②クレープなどの洋食系おやつ　10代から30代の女性や子供に人気の商品。こってりとした味のものも多いので、季節や気温にも売上が左右されます。クレープなどを焼いている姿をお客様のいる場所からでもはっきり見えるようにする、行列を絶やさないことがポイントです。

③ソフトクリーム、かき氷など冷菓　アイスやかき氷などは、気温による売上変動が大きいのが特徴。イベントや観光地では、歩きながら食べられるものが人気。

④菓子パンの販売　昔から、菓子パンを移動販売する車はありました。最近では、カレーパン、メロンパンなどを中心に菓子パンを移動店舗の中で焼き上げて売る店も人気です。一般のパン屋との違いを出すこと、話題性、焼きたての状態で提供することがキーポイントです。

東京・原宿キャットストリートにある、あげパンのフードカー「COCO-agepan」。もともと美容業界で働いていた高木ゆきさんが2014年11月にオープン。美容業界で働いていた高木さんの手元にたくさんあったのがココナッツオイル。パン教室にも通っていた経験から、「あげパン」の販売を思いついたそう。隣は本格的コーヒーの専門店なので、自店ではドリンクメニューはタピオカティーやコーラとして差別化。あげパン（プレーン、きなこ、シナモン、黒ごまきなこ、ココア、抹茶320円）。

アメリカ発祥の人気スイーツ「ケーキポップ」の専門店「cake pop Felicite（フェリシテ）」。店主の今泉ひろみさんが車内で、一口サイズのケーキをカラフルチョコレートでデコレーションしてケーキポップを手作り。犬用のケーキポップ「ドッグポップ®」、スープパスタやインスタ映えするかき氷の「氷パフェ」、ドリンクも販売。

COCO-agepanの「原宿スペシャル」（350円）のパンは、クリームにあう固さになっている特注品。さっくりとした食感のあげパンに、ホイップクリームがよく合う新感覚スイーツ。

04 夜食、朝食をふるまう屋台

朝食、夜食という新しい時間帯の開拓も進められています。夜遅くまで開催するイベントやオフィス街での朝食等、移動販売の活躍の場は広がるでしょう。

◆朝食に適したメニュー

営業時間は、朝6時半～9時半くらい。メニューは、コーヒー、味噌汁、野菜スープ、おかゆ、リゾット、サンドイッチ、おにぎり、肉まん、フルーツ等。

◆夜食に適したメニュー

営業時間は、夜6時半～8時くらいから深夜1～2時までと完全な夜型で、昼夜逆転の生活になります。

メニューは、お酒に合うものが必須です。

ラーメン・そば・うどん・あっさりパスタなどの麺類、おでん・焼き鳥、歩きながら食べられるホットドッグ・ケバブ、アイスクリームなど帰りのおやつ。

お酒が入るので1人あたりの単価が高くなるのが特徴です。単品メニューを扱う場合は、単価が500円以上になる「おまかせメニュー」などをメニューに取り入れるとよいでしょう。

◆お客様とのコミュニケーションが命

夕方から夜間に、雑貨店や美容室の駐車場が借りられるなら、テーブルと椅子を置いて屋台のようにしてもいいでしょう。店員との会話を楽しみにやってくるお客様が多いので、ぶっきらぼうでも温かい会話や心遣いができる人には向いています。お客様同士が仲よくなって、その人との会話を楽しみにリピーターとなることも少なくありません。けんかなどが起こらないように、うまい仲裁役にもなりましょう。

ミュージシャンによる音楽ライブ等も喜ばれるようです。

◆顧客は、近隣で働いている人

お客様の大半は、朝早くから夜遅くまで仕事をしている人。朝の「今日もがんばって」のひと声にほっとしたり、夜遅くに会社の最寄り駅付近にある店に仕事疲れを癒しにやってきます。

アルコール類の販売に必要な許可

・保健所の「飲食店営業許可」があれば、アルコール類の販売は可（130ページ参照）

・販売できるアルコールの例：ビール、ワイン、焼酎、日本酒、カクテル

・キッチンカーの車内で、カクテルを混ぜることも可

・生クリーム、生の生鮮野菜、生の果物を使ったアルコール飲料も可（ドリンクでなく、パフェのようになると菓子製造業許可が必要になる場合があるので、所轄保健所に要確認）

・食器類は、1回限りの使用とする

自家製ビールを販売する場合：

保健所の「酒類製造業」営業許可のある厨房で製造した自家製ビールは、厨房でビールサーバー等にセットした状態なら、キッチンカーに積み込んで販売可

05

メニュー構成を決めよう

◆メニュー構成は、主商品＋副商品

メニューの構成について詳しく見ていきましょう。

移動販売の場合、メニューは「主商品」と「副商品」で構成します。ファミリーレストランのようにあれもこれもと商品をそろえる必要はありません。

「主商品」とは、お店の看板になるメインメニューを中心としたそのカスタマイズ商品です（90ページ参照）。

「副商品」とは、なくてもいいけれどあると便利とか、またはおもしろい商品です。例えば、サンドイッチ店における飲み物（缶ジュースやペットボトル）、各国料理店におけるその国のおもちゃなど、なくても商売は成り立つものです。開業後、お店の経営がある程度確立して余裕ができてからそろえましょう。

◆メニュー総数は「3品以上6品以内」が適当

特に、ランチメニューの場合は「新鮮で温かいもの」を提供する場合が多いでしょう。いつも新鮮なものを提供して、お店の売れ残りを少なくすることは、資金面で店舗を長続きさせるコツでもあります。

売上が高い店舗には必ず「人気商品」があり、その人気商品を中心に、お店は回っています。そのような商品は売り切れるのが早いのが特徴で、購入できなかったお客様は仕方なく別の商品を選ぶという場合も多いのです。メニューは数多く作ればよいというものではありません。厳選して数を絞りましょう。しかし少なすぎるとお客様にとって選ぶ楽しみがなくなるので、最低3品以上は用意してください。

◆保存できる食材の場合は品数を増やしてもよい

食材自体に保存がきく場合は、ある程度メニューの種類を増やしてもよいでしょう。ドリンクメニューの場合は、コーヒー豆、紅茶の葉、ココアの粉などは保存がききます。クレープのトッピングであるチョコチップ、ナッツ類、ペットボトルのお茶や缶ジュースを販売する場合なども同じです。

主商品と副商品の決め方

商品分類	特徴
主商品	・売上構成の大部分を占める ・誰にでも好かれる商品 ・単価は高い
副商品	・主商品の売れ行きをサポートする（または、主商品を引き立たせる） ・全体売上における構成比率は小さい ・ある意味、売上を期待しない飾り的な商品の場合もある ・単価は主商品よりも低い（主商品を引き立てる役割が高いときは、単価が高くなる場合もある）

06 「誰でも好きなもの」を少しアレンジして、メインメニューに

◆不特定多数に好かれるメニューを

移動販売では、マニアックな商品よりも、「誰にでも好かれる商品に、若干アレンジを加えたもの」が適しています。なぜなら、移動店舗は固定店舗と違って、出店場所によってお客様の特性が異なりますし、何十人に1人しかいないようなマニアな人を限られた時間で見つけることが難しいからです。

それでは誰にでも好かれるものとは、どのようなものでしょうか。食べ物ではレストランの定番メニューや人気の惣菜、飲み物ではコーヒーか紅茶、雑貨でいえば誰もがかわいいと思うキャラクターなどです。

◆メインメニューに適した食べ物とアレンジの例

移動店舗のメインとなる食べ物の例を見てみましょう。

お弁当では「誰にでも好かれるメニュー」に、ひとひねりをきかせたものが好まれています。逆に、飲み物はコーヒー、紅茶、ココアといったオーソドックスなものがよいようです。

お弁当販売に適したメニューと、アレンジ例は次の通りです。

・**カレー**（日本的なものではなく、タイ風、バングラデシュ風などひねりのきいたもの）
・**肉料理**（ボリューム感のあるステーキ、焼き肉、グリルチキン、唐揚げ。味付けはハワイ風、スパイシー）
・**オムライス**（卵はトロトロ、ソースなどはケチャップソースだけでなく、ホワイトソースなどの選択制）
・**どんぶり**（親子丼、牛丼などの日常的なものではなく沖縄料理、炭火焼肉などをご飯にトッピング）
・**ラーメン、パスタなどの麺類**
・**歩きながら食べられるスープ**（イベント会場でご飯を入れたリゾットやパスタをカップで食べる）
・**サンドイッチ**（コンビニで買うことができるタイプではなく、ケバブサンドなど日本的ではないテイスト）

ARRANGE
MENU

ホワイトソース

バングラディッシュ風カレー

卵トロトロオムライス

ケバブサンド

ハワイ風ステーキ

07 メニューはカスタマイズして変化をつける

車の中という限られたスペースでは、あまり調理ができないし、大きな冷蔵庫も置けません。だからといって、メニューが1種類では寂しいし、お客様も飽きてしまいます。そんな環境でメニューの種類を増やす方法は「ベースとなる料理に、ちょっとした変化をつけて種類を増やすこと（カスタマイズ）」です。

◆ベースは同じで、トッピングだけ変える

カレールーに野菜を加えれば「野菜カレー」、豚肉なら「ポークカレー」、それにカツをのせれば「カツカレー」、チーズをのせれば「チーズカレー」になります。このように「ベース+トッピング」という考え方を基本にメニューを増やします。

手順としては、①1つのベースを作る、②トッピングや具を数種類用意する、という2段階です。重要なポイントは「トッピングや具で変化をつけることができるベース」を選ぶこと。コーヒー、丼、サンドイッチ、クレープは、トッピングで変化がつけられます。

◆ご飯をベースにする場合

カレー、オムライス、丼など、ご飯をベースにしたメニューは、とても作りやすく、お客様にも好まれます。重要なのはご飯の上に何をのせるかということと、具やトッピング同士の組み合わせを何通りも作ることです。ご飯の上にのせるものがキムチであれば韓国料理、ハンバーグと卵ならロコモコになってハワイアンになります。オムライスの場合も、トマトソース、きのこ入りホワイトソースなど、上にかけるソースによってメニューに変化を持たせることもできます。

◆コーヒーをメインにする場合

コーヒーをメインにする場合、メニューは10種類以上作りましょう。5つのトッピングを作り、ホットとアイスを用意すれば10種類できます。エスプレッソ、ミルクをブレンドコーヒーに加えればカフェラテ、エスプレッソはカプチーノに、キャラメルシロップを加えればキャラメルマキアートとなります。

MENU VARIATION

BASE

TOPPING

チーズ

野菜

ポーク

カツ

08 食材の仕入れ方法

◆仕入れ場所の選定

食材の仕入れは重要な仕事です。開業前はどれくらい仕入れればいいだろうかと悩む時期もあると思いますが、1カ月もすれば仕入れ量の感覚がつかめてくるものです。仕入れ場所を選ぶ場合、次のことに気をつけましょう。

①材料が新鮮、おいしい
②価格が安い
③毎日安定的に、必ずほしい食材がある（売り切れが多発すると、安定的な仕入れができない）
④出店場所から自宅（または夜間に駐車している場所）への帰宅ルートに店がある
⑤少量でも安価で購買できる
⑥スパイス、トッピング類等、海外から直輸入する場合は、定期的にまとめ買い

◆ムダな仕入れ、使い残しを減らす仕入れ計画

野菜や魚、肉といった生鮮品を材料として使う場合には、販売量の読み違えなどで、使い残し（ロス）が生じやすいもの。なんとなく購入するのではなく、1品あたりの材料量を計り、販売数量に応じた仕入れを心がけます。

固定店舗では専門業者から毎日仕入れをする場合も多いのですが、移動店舗の場合は少量販売からのスタートになるため、特に生鮮食材は個別によいお店を探して定期的に仕入れに行くのが金額的にも効率的でしょう。

今月の仕入れ金額は他の月と比較して高いのか安いのかを毎月確認し、1カ月の売上高に対して、どれくらいの仕入れ金額だったのかも正確に把握します。材料費が高騰している場合は、原因が材料の選び方にあるのか、価格の高い店で購入しているのか、季節的に高くなっている食材を使っているのかよく分析してください。季節によって使う食材を変更するためにメニューの見直しが必要になる場合もあるでしょう。

出店場所

○△STORE

仕入れ

自宅

09 料理の質にこだわる

◆**おいしくなければ、二度と来ない**

飲食業で一番重要なことは「おいしいこと」です。このポイントをはずすと、お客様は二度と来てくれません。極端な言い方をすれば、店員のサービスが悪くてもお店が汚くても、本当においしければお客様は遠くから通ってくるものです。

◆**材料にこだわる**

材料にもこだわりましょう。近年の健康食ブームもあり、お客様は使われている材料や細かい風味まで気にするようになりました。これからの移動店舗は、材料の新鮮さ、産地にこだわりましょう。そして、そのこだわりは必ず店頭に堂々と貼り出して、お客様にアピールしましょう。

◆**栄養バランスにも細かい配慮する**

消費者は、栄養バランスにも気を配っています。これは和食を中心としたお総菜や定食を売るチェーン店が順調に拡大していることからも顕著な傾向です。小さな子供を持つ親に「あの店のものなら、うちのご飯代わりにしてもいい」と思われるような栄養価の高いものを提供すれば、子供がおこづかいを持って、毎日買いに来てくれるようになります。

移動店舗では、炭水化物（米、小麦粉など）が中心のメニューになりがちですが「たんぱく質」「野菜」をうまく取り入れるようにしましょう。例えば、トルコ料理のケバブサンドはよく考えられたメニューです。炭水化物（パン類）、たんぱく質（肉類）に加えてキャベツ（野菜）が多く入っています。

◆**年数がたつと、味がおざなりになる店は多い**

開店当初は、毎日厳しく味のチェックを行うのは当たり前です。しかし、開業して1年もたつと、味も含めて全体的に管理が甘くなるものです。

店員にとっては毎日が同じパターンの繰り返しですが、お客様にとっては毎回新しい味、と胸に刻んでください。

栄養バランスのいいメニュー構成が人気の「地球食堂」。店主の堀田ゆみさんは「子供にも食べさせられる手料理」にこだわる。子育てで専業主婦をしていたとき、「子供と一緒にいながら収入を得られる仕事」を模索。近所で見つけたアルバイトが、キッチンカー補助の仕事だった。そこで移動販売の世界を知り、「やってみよう」と思ったが、それまで飲食業の経験はなく、「自分が作る料理が通用するのかどうか不安でした。何もかもわからない状態で、スタートを切るのに1年近くかかりました」。ランチ販売の営業時間は11時から15時。それから帰って片づけをしていると、お子さんが帰宅する。将来は「飲食店の実店舗を出したい」という。

店主の堀田ゆみさん

全体的な色彩、見た目にこだわる

◆見た目の色合いが食欲をそそる

女性に人気がある食品は、総じて色合いがカラフルです。丼の中身がほぼ茶色1色の牛丼に比べて、カラフルな色彩の女性向けランチメニューを見比べてみればよくわかります。

ランチメニューやおやつの場合、お弁当ボックスなどのパッケージの中に、3色から5色の色彩を演出できるといいでしょう。

例えば、ご飯の上に具をのせる丼メニューであれば、具の種類は3種類以上をのせましょう。すべての具の量を均等にする必要はありません。色鮮やかな温野菜やサラダを少量のせることでもいいのです。

店舗にメニューとして飾る写真を撮るときには、色彩が豊かに見えるように撮ったほうがおいしそうに見えます。かき氷やジュースのような単品なら、3～5種類並べて色えんぴつのようにカラフルに演出します。

◆ケースやパッケージは、一番の宣伝ツール

メニューは、ケースやパッケージの色合いとの調和も大切です。

移動店舗の存在を一番に宣伝してくれるのは、ついさっき商品を購入して店舗の近くで食べながら歩いているお客様です。「あの人が持っている食べ物は、どこで買ったんだろう?」とうらやましく思われるような「見た目」にする必要があります。

パッケージの中身を覗き込んだとき、商品がおいしそうに見えなければいけません。パッケージを持っている姿がおいしそうに見えれば、お客様は自然と集まります。

歩きながら手に持って歩くクレープやアイスクリームのパッケージは、カラフルで派手なデザイン、手に持ったときにしっかり目立つ大き目のサイズにしましょう。ポイントは「縦長」。丸めたパッケージや（焼き肉の）串が30センチ弱なら目立ちます。

「ADVENTURES ★ PARTY」は平日、オフィス街に出店して創作イタリアンランチを販売。鶏肉と玉ねぎ、ナス、人参、ズッキーニ等の野菜とトマトの煮込み、サフランバターライス、サラダが入った「イタリアンライス」(650円)。

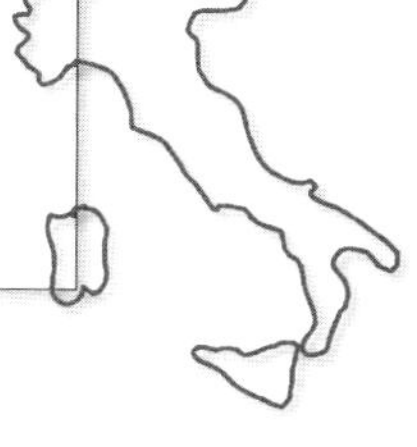

手作りスイーツの「ケーキポップ」を販売する「cake pop Felicite(フェリシテ)」。開業1年目の夏にかき氷の販売を始めた。そして女性や子供に喜んでもらえる「氷パフェ」(500円)も登場。アメリカから輸入したカラフルなシリアルを飾り、インスタ映えする商品。「コストは高いのですが、華やかになるので使っています」。

11 事前に90％調理しておく

◆どこまで事前に調理しておくか

出店する現場では、調理パフォーマンスをしますが、あくまでもそれは「見せ場」です。基本的に、調理工程の90％は事前に調理しておきます。

丼、カレー類のご飯　当日の朝、炊く

混ぜご飯　当日の朝、具とご飯をすべて混ぜておく。または、具を入れて炊き込む

カレー　カレールーは前日から煮込んでおく。キーマカレーの具は、当日の朝炒める

おにぎり　具はすべて味つけしておく

串だんご　焼いて保温しただんごに、袋に入れたあんこを絞る

温野菜　出かける直前に、電子レンジで温めておく

焼肉系　照り焼きチキンはタレにつけて、9割がた焼いておく（現場で電子レンジで温めてもよい）

パスタ　煮込み系ソースは前日の夜に煮込み。トマトソースなどは当日朝、調理

おかずを選ぶ方式のお弁当　すべて調理して、お弁当箱に入れるだけにしておく

卵をのせる場合　目玉焼きは、事前に焼いておく。温泉卵はゆでて、殻を割るだけの状態にしておく

◆現場では、最後の仕上げをする

残りの10％（最後の仕上げ）を、調理パフォーマンスを兼ねて、車の中ですることになります。

・焼く
・温める
・具をのせる
・（パンに）はさむ
・（おにぎりを）にぎる
・ソースをかける
・容器に入れる
・コーヒー豆をひく

例えば「焼く」というプロセスは、お客様を待たせないよう、1分以内にできるものにしましょう。

事前に調理

現場で
最後の
仕上げ

10%

90%

12 南インドカレー「MILLAN（ミラーン）」

津村 多賀子さん

「いつもありがとうございます」。店主の津村多賀子さんの明るい声が響くのは、都内のオフィス街。お客様と会話をしながら、カレーをよそう手も止めずスピーディに店を切り盛りしています。

2004年にクルマ1台、津村さん1人で開業した、南インドカレー「MILLAN（ミラーン）」。厨房キッチンを兼ねる実店舗を拠点に、キッチンカー7台が営業中です。

「自分の想いが形になるのが、このキッチンカーという仕事でした」。

◆ニューヨークで見かけたキッチンカーがきっかけ

店主の津村さんは、もともと銀行で働いていましたが、結婚と同時に退職。専業主婦として子育てに注力しながら、海外の方をホームステイで受け入れる日々を過ごしました。多くの友人を呼んでホームパーティを開く中で、インドカレーの人気を感じていました。

子供が10歳になったとき、「子供が学校に行っている間に働ける仕事を始めよう」と試行錯誤。そして家族で行ったニューヨーク旅行でキッチンカーを見かけ、「この仕事だったら、昼間だけ働けると思いました」。「人と違うことをしよう」と、メニューに当時珍しかった南インドカレーを選択。「南インドのスパイスをたっぷり使った、ヘルシーでご飯に合うカレーを広めたい」と決心しました。

店名の「MILLAN」は、出会う・出会いというヒンディ語から発想。ワゴン車をキッチンカーにして、知人のパラグアイ人の画家にイメージを伝えて絵を描いてもらい、津村さんとその画家の2人でワゴン車にカラフルな色を塗りました（この一号車は、現在も活躍中です）。最初はインド人にスパイスを調合してもらい、その後、津村さん自身もカレーやスパイスについて勉強し、オリジナルレシピを考案しました。

◆お客様からの要望で、2台目を制作

開業から約2年が経った2006年、東京都葛飾区

に仕込みをする厨房兼店舗を構えました。

その翌年には、「他の場所にも出店して欲しい」というお客様の声で2台目を制作。2台で都内のオフィス街へ出店することになりました。「それから一緒に働いてくれる仲間が徐々に増えて、クルマを増やしていきました」。そして2008年12月、株式会社ミラーンを設立。

◆手作り、無添加、オリジナルレシピへのこだわり

映画やドラマ、CM撮影現場へのケータリング事業を開始したのは2008年から。テレビ局へのケータリングで、津村さんは1時間に150食を提供するほどのスピード感。

「スピード勝負ですが、ちょっとした無駄がないように動くことも慣れでしょうか。サービス業ですので、遊び心も大切にしていますよ」。

開業から十数年、ずっとこだわってきたのは「味」。オーガニックのスパイスはすべて自社で直輸入、国産野菜を使用する等、素材にもこだわっています。厨房で、にんにくの皮むき、たまねぎのみじん切りからすべて手作りしています。

◆子供が学校に行っている時間に働く

スタッフは10名全員が女性、10年以上働いている人も多くいます。60代の方も朝7時から14時まで働いています。「女性が働きやすい場を作りたい。意欲があっても、家族のことや食事作り等で仕事に集中できる時間が少ない女性は多いし、私も同じことを経験しました」。

そこで基本的な仕事時間は、子供が学校に行っている10時から17時まで（キッチンカーは10時から16時）。厨房での仕込みとキッチンカー出店の仕事をきっちり分けたのも、経営者としての工夫。仕事があれこれ混ざると大変になるので、作業分担しているのです。「ノルマもありませんし、私は基本的にあれこれ言いません。皆が自主的に、私と同じ気持ちで働いてくれていてありがたいと思います。キッチンカーで働いてくれる方は、常に募集しています」。

◆「お客様以上、友達未満」の大切なご縁

「困ったときにそっと手を差し伸べてくれるのはお客様やスタッフです。暑くても寒くても並んで買いに来てくれるお客様がいて嬉しい。出張や旅行のお土産をくださる方も多くて、『お客様以上、友達未満』みたいな大切な方になっています。15年前に初めて来てくださったお客様が今でも来てくれます。今後はお客様への感謝を込めて、山手線沿線の店舗や全国への通販事業を展開していきたい。世界に通用するカレーだと思いますので、ゆくゆくは海外にお店を出したいです」。

2人のお子さんは、今では社会人になり、お客様としてカレーを買いに来てくれるそうです。

毎日、カレーを入れた20キロの鍋をいくつも持ち上げ、15キロのご飯をクルマまで運びます。

【南インドカレー　MILLAN】
ホームページ：http://millan.jp/
Twitter：@86millan
Facebook：https://www.facebook.com/millan.curry/
ブログ：http://blog.millan.jp/

【連絡先】info@millan.jp
【実店舗】東京都葛飾区お花茶屋1-19-8（ランチのみ営業　11:30～14:30ラストオーダー）

5章

必要な資格・許可と車の準備

01 改造内容によっては「8ナンバー」に

自動車ナンバーは、所轄の陸運局（軽自動車の場合は、軽自動車検査協会）に改造した車を運び、構造等変更検査を受けた後、決定されます。車を改造した場合、車の形状変更や、荷台や車内にショーケースや加工台などを取りつけて車自体の重さや高さが変わってしまうため、道路を走るのに適するかどうかを事前に検査します（こちらは、国土交通省の基準であり、保健所の営業許可とは要件内容に違いがあります）。その結果、移動販売車のナンバープレートが「8ナンバー」となることがあります。

◆8ナンバーとは

8ナンバーは、特殊用途自動車向けの分類番号（車種を表す数字）です。特殊な用途に使うための設備がある車で、ナンバープレートの分類番号が、8から始まる「8」、「80~89」、「800~898」という数字をつけています。消防車、タンク自動車、キャンピングカーなどの他に、特殊な構造をした移動販売車も含まれます。

構造要件を満たしていれば、8ナンバーを取得することになります。1990年代に、節税のために違法で8ナンバーを取得する問題が発生し、それ以後は取得規制が強化されています。

◆自動車税・自動車保険

自動車税は、陸運局が登録した自動車検査証（車検証）の内容により決まります。8ナンバー車は、自家用車よりも自動車税が若干安い傾向にありますが、車検証の内容や実際に車体を見て判断するので一概には言えません。

また保険会社によっては、8ナンバーの販売車に関する自動車保険を取り扱っていないところもあります。かなり改造した8ナンバー以外の車が自動車保険に加入しても、交通事故の際には改造度合いによって保険金がおりない可能性も考えられるので、保険のかけ方についても事前に検討しましょう。

ナンバープレートの色分類

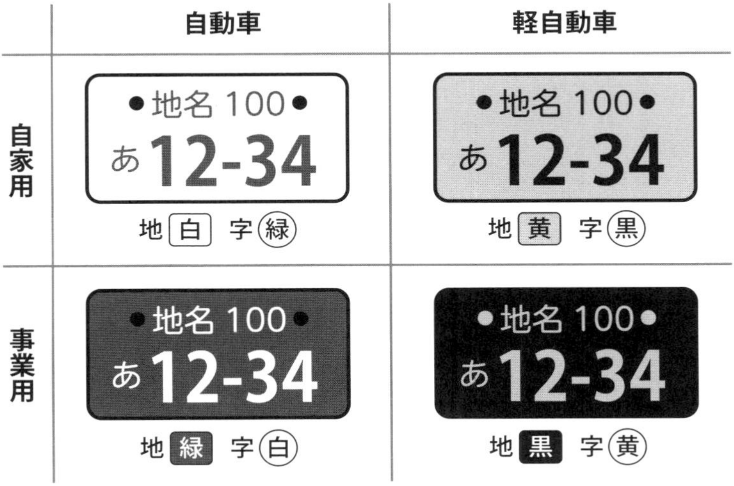

	自動車	軽自動車
自家用	●地名 100● あ 12-34 地 白 字 緑	●地名 100● あ 12-34 地 黄 字 黒
事業用	●地名 100● あ 12-34 地 緑 字 白	●地名 100● あ 12-34 地 黒 字 黄

ナンバープレート

8ナンバー車としての分類番号

●横浜 800●
た 22-33

02 車を購入する前に気をつけること

◆車を買う前にここに注意

販売に使う「車」はお店そのものですから、「販売車」の選択にも力を入れましょう。販売車を準備する際には、次の点に気をつけてください。

・「どんな商品をどう売るか」をじっくり検討する
・保健所の許可が出る車にする（車を購入する前に、保健所に相談する）
・動きやすい広いスペースがある車を選ぶ
・小型のほうが小回りがきく
・見た目にもハイセンスな「かわいい」車にする（各種イベントから出店依頼の来る車に仕立てる）
・できるだけ、少ない資金で用意する

◆車を購入する前に、保健所に相談に行く

クルマで食べ物を販売するなら、保健所からの営業許可が必要です（130ページ参照）。商品の種類や、調理販売のしかたによって販売車に設置すべき什器が決められています。車を購入する前に、所轄の保健所に相談に行ってみましょう。その条件を満たす広さのある車を探して購入するようにしましょう。

◆移動販売用の車を手に入れる方法

移動店舗として使用する車を準備するには、次のような方法があります。

①自分で車を購入し、自分で改造する
②自分で車を購入し、専門業者に頼んで改造する
③専門業者に頼み、車の購入、改造を委託する
④移動販売に使っていた車（つまり、廃業した車）を自分で買い、多少改良して使う

①のようにすべてを自分ですれば資金は一番少なくてすみます。車購入から改造まで数十万円ですますことも可能です。専門業者に頼めば、移動販売に適した車を作ることができます。今まで移動販売車を多く作った実績のある業者を探し、何社か比較検討するとよいでしょう。④のように移動販売用に改造してあり、相性のよい車があれば営業スタートも早くなります。

車を選ぶときのプロセス

予算の検討

車種の調査、検討

中古車販売状況の確認（中古車販売専門サイトなど）

展示場に足を運び、実物を確認

移動販売に適する車を選び、商談

契約

納車

マクロビオティックを学んだ宮代麻美さんが心も身体も健康になれる食事を提案する「TABELL」。
業者に依頼して、中古で購入したミラウォークスルーバン（ダイハツ）に英国車 ROVER MINI のフロント部分を付けてもらい、全体を塗装。「小回りがきくので、いろいろな所に出店できます」。

中古車を探そう

◆軽ワゴン車が多い中古車販売場で比較

前述したように、自分で車を購入し改造している移動店舗も多くあります。準備するための労力はかかりますが、その分、費用が安くすみます。

最初は1人で気軽に始めたいという場合には、軽ワゴン車、軽トラック等の中古車を安く仕入れて始める方法もあります。

軽自動車を中心に生産している自動車会社の中古車販売場や、移動店舗向けの軽ワゴンを多く販売している展示場に足を運んでみましょう。中古車専門雑誌やウェブサイトで販売場を探します。

とにかく、数多くの情報を見て何回も試乗するなどして、最適の車を選んでください。

◆中古車を選ぶポイント

中古車を選ぶ場合に気をつけるポイントは、

・実物を見て、試乗したときの感覚
・「走行距離」「年式」「修復歴」など
・価格
・しっかりした販売店かどうか

「ワンボックスカーは、大工さんや土木関係などの仕事で使うことも多いので、車内にキズも多い。中古車を選ぶ際にはキズもチェックしたほうがいいですよ」と、ある中古車販売業者は言います。

◆外装デザインをオシャレにカスタム

現在、移動販売車として人気なのが、フォルクスワーゲン社のワーゲンバス、フレンチバス仕様にした車。軽自動車をベースに外装パーツを取りつけると80万円程度かかる（業者による）ため、すでに外装のすんでいる車を好んで購入する場合もあるそうです。

購入した車両の内外装をできる限り自分で手がけたオーナーは、次の移動販売車も作りやすいようです。使いやすい車体の選択、棚の位置、換気扇や水道の配置も考慮して、何台も作っています。外装デザインには流行があるので、随時変更しています。

中古車を購入
40万
68万
82万
ケバブ
KEBAB
SINCE 2019
自分で改造

04 内装、キッチンやテーブルをDIY(手作り)してみよう

◆**どこまで手作りするか**

移動店舗では、内装を手作りしている人も多くいます。保健所の許可がおりる設備を作ることは簡単ではありませんが、友人と一緒に時間をかけて手作りすることも可能です。開業資金が少なくなることもメリットです。また、将来、固定の飲食店を開きたい場合にも、これらの準備を自分でしてみることは大変勉強になるでしょう。

まず内装をどこまで手作りすることができるか検討し、車の内装レイアウトの設計図を書いてみましょう。車の床に板張りをする、テントや陳列棚、シンク、換気設備、作業台、棚などの取りつけなど作業内容をリストアップし、自分で手作りできるのか、また家族や友人などにどんなことを手伝ってもらえるか検討します。日曜大工が得意な知人やプロの大工に安価で頼む人も多いようです。

内装を手作りするポイントは、質のよい材料を安価で仕入れること。材料代の安いホームセンターを探す、廃材を譲り受ける、代替品の利用等を考えます。

手作りスイーツ「ケーキポップ」を販売する「cake pop Felicite(フェリシテ)」の店主、今泉ひろみさんは、開業時は保健所の許可がとれる最低限の設備を作りました。「ケーキポップを知っている人が少ないし、何年続けられるか分からない手探りで始めたので、できる限り低予算で始めました。いざ始めると不自由が出てきたので、お金をかけずに、使い勝手がいいように工夫しました」。100円ショップ等のプチプラ雑貨を上手に活用。販売窓の上に取りつけたカップ類の収納棚、運転中にも物がすべらないように販売テーブルに貼ったすべり止めとテーブルクロス、店頭に貼ったタイル柄のシール、かわいらしいディスプレイ小物、外装や内側の壁に貼ったシールや鏡はすべてプチプラ商品。天井には、キッチンの制作業者に頼んで、ホームセンターで見つけた壁紙を貼りました。

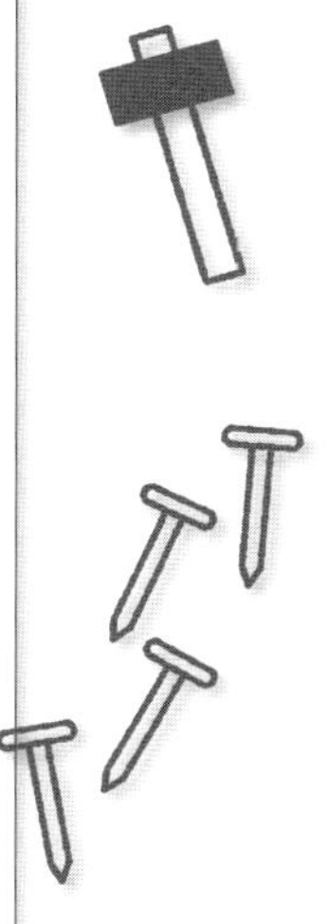

八百屋 car「tsutaebito（つたえびと）」の店主、佐野裕希さんが1日で作り上げた、野菜の陳列棚。りんご箱や木材を加工してペンキを塗り、棚の製作にかかった費用は5,000円弱。野菜を並べる扉は開閉式なので、クルマのドアを1、2分で閉めることができ、すぐ移動できる。

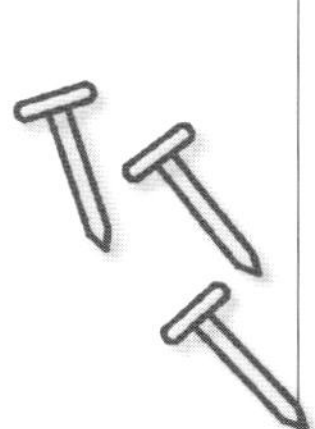

手作りスイーツ「ケーキポップ」を販売する「cake pop Felicite（フェリシテ）」の店内。店主、今泉ひろみさんは、内装を安価に工夫しながら手作りしている。

05 車の改造を業者に頼む場合

◆営業スタイルに応じた車両を選ぼう

車体の大きさによって、活動場所に制約が出ます。大きな車両には、大きな調理機材を積み込むことができ、車に乗り込める人数も増えます。２人乗り込めば、それだけ作業量が増え、客をさばくスピードが速くなります。安価な中古のワゴン車は入手しやすいですが、大人が車内で立つことが想定されていないので、まっすぐ立っての作業はできないという面があります。軽自動車であれば狭いスペースにも駐車でき、自分でできる範囲の販売数量で長く運営していくなら合っているでしょう。

◆専門業者に頼む場合のポイント

専門業者に車の改造を頼むメリットは、移動販売のポイントを押さえた改造ができることです。専門業者に頼む前に、オーナー本人がその知識を身につけておく必要があります。業者にすすめられるままに何でも頼むことは避けましょう。

①移動販売の専門知識がある　移動販売車の改造を適切にしてくれるかどうかは、業者に専門知識があるかどうかによります。また、地域によって保健所の許可内容に違いがあります。許可の通らない車を作ってしまうことがないよう、専門知識があるかどうかを事前に確かめるようにしてください。

②移動販売車を複数、手掛けたことがある　過去の改造例を見せてもらいましょう。実際に改造した販売車や出店場所を聞いて、現地まで足を運び、現物を何台か見て、頼むかどうかを決定しましょう。

③詳しい説明をし、必要のない機能の設置をすすめない　後悔しないように納得のいくまで質問に応じてくれる業者を選びましょう。

④アフターサービスの充実　改造部分が壊れた場合には、どのようにアフターメンテナンスをしてくれるのか、高額な支払いを要求されないことも事前に確認して、その記載書類をもらっておきます。

CAFE
さすが
専門業者

目立つ色鮮やかで楽しい車に仕立てよう！

◆どこでも目をひきつける色にする

「どんな場所にいても目立つ店」にするには、車の色や形にもこだわりを持ちましょう。店のイメージカラーを塗った車には、ポリシーと個性を感じます。飲食店には食欲をわかせる「赤色」が多く使われています。「赤色」「黄色」「オレンジ色」といった暖色は集客にも役立ちます。

◆車の塗装をする場合

すでに自家用ワゴン車を持っている場合や、安売りの軽トラックやワゴン車に思うような色がなかった場合は、専門の車塗装業者に頼んで、カラフルな車に仕立ててもらいます。専門の車塗装業者に頼むには、ある程度の資金が必要なので、事業を始めて資金が貯まってから、改装を繰り返すオーナーもいます。

◆楽しい車としての演出

黒、白、紺といったベーシックな色の車体でも、次のような方法で装飾すれば、楽しい雰囲気の移動販売車になります。

①車まわりのディスプレイや明るい接客で楽しい空間を作り出す

出店場所に車を駐車したら、目立つ宣伝道具を車や周囲に置きます。車本体は目立たなくても、「看板」「タペストリー」「のぼり」「パラソル」「音楽」などで、集客します（8章参照）。

②自分で車体にペイントをする

「ロゴマーク」「URL」やカラフルな楽しい絵を描いてもよいでしょう。車に描く絵は、お店の看板となります。友人に画家やイラストレーターがいれば、頼んでみてもいいでしょう。

八百屋car「tsutaebito（つたえびと）」には、カラフルな絵が描かれています。店主の佐野さんが、友人に絵を描いてもらったそうです。カラフルな絵を見て、お店の存在を覚えてくれる人もいます。オリジナルの絵が描かれた車は、唯一無二の存在なのです。

八百屋 car「tsutaebito（つたえびと）」。

「ADVENTURES ★ PARTY」。ピッツァ職人の宮澤寿夫さんが平日にオフィス街で出店する創作イタリアンランチの販売車は、タペストリー看板に加え、メニューボードが大きい。

お店の名前、ロゴマーク、イメージカラー

◆**お店の名前（屋号）のつけ方**

次のようなポイントを踏まえて、「すぐに覚えてもらえる屋号」を付けましょう。

・長すぎない（ひらがなで10文字以内。漢字を含めて6文字以内が覚えられる限度）

・商品をイメージできる（例：○○カレー）

・英語表示よりは、カタカナ表示（ドトールコーヒーやマクドナルド、スターバックスコーヒーなど、人気のお店は店名を英語だけではなくカタカナでも表示しています。できれば、漢字やひらがなを多くしたほうが覚えやすい）

・他のお店と区別がつく（似たような名前が多いので、同じような商品を売る他店を意識して、まったく違う名前にします）

◆**ロゴマーク**

シンプルでわかりやすいロゴマークを作ります。移動店舗の場合は、屋号をロゴマークに大きく入れましょう。知人や友人にデザインの得意な人がいれば、頼んでみましょう。玄米と旬の野菜たっぷりのランチやスイーツを販売する「TABELL」の店名には、「食べる」と「(BELL)鐘を鳴らす」という意味が込められています。ロゴマークは、店主の宮代麻美さんが昔からファンだったプロのデザイナーに依頼したそうです。

◆**イメージカラー**

お店のイメージカラーを決めて、車の色、ショップカード、ホームページなどに反映させます。

飲食店の場合、イメージカラーは、赤、黄、オレンジ、ピンク、ワインレッド、茶などを中心とした暖色にするといいでしょう。特に、赤は食欲を増す色と言われ、飲食店の看板によく使われる色です。

また、商品をイメージさせる色やオーナー自身の好きな色を組み合わせたり、ひと目で覚えてもらえる、同業種にない色を選ぶのもいいでしょう。

南インドカレー「MILLAN（ミラーン)」のロゴマーク。ランチボックスを入れるショップ袋にも描かれている。

「TABELL」のロゴマークは、クルマだけでなく、トレーナーや店頭フラッグにも描かれている。

08

キッチンカーの場合

1人で効率よく動ける配置が肝

◈くるりと一回りすれば、調理が完成する配置に

移動店舗では1人で素早くすべての作業ができる配置に車内を設計することが肝心です。体をあちこち向けたり、前に後ろに手を伸ばしたりしなければならない設備配置にしていると、どうしても時間がかかってしまいます。

したがって、あらかじめ「くるりと回れば、順番に作業ができるような配置」にしておくことが大切です。設備や棚を取りつけてしまってからでは簡単に修正できないので、注意しましょう。

例えば、右利きの場合、右回りに90度回れば作業が完成するようにするとベストです。あちこち向かなければならない配置にすると、無駄な作業が増えて余分な時間が多くかかります。すると、一定時間にさばけるお客様の人数が減って売上も少なくなってしまうのです。

ご飯の上に具を数種類のせるような場合は、次のような順番で設備を配置します。

【よい例】（右利きの場合は、すべて右回りで作業）

作業棚から紙製容器を取る→炊飯器からご飯をよそう→1つ目の具を入れる→2つ目の具を入れる→3つ目の具を入れる→調理台でソースをかける→お客様に渡す→お金のやり取りをする

【悪い例】（あちらこちらに体の方向を変える）

作業棚から紙製容器を取る→右を向いて、炊飯器からご飯をよそう→後ろを向いて、1つ目の具を入れる→前を向いて、2つ目の具を入れる→左を向いて、3つ目の具を入れる→調理台でソースをかける→お客様に渡す→お金をもらい、左を向いておつりをとる

◈お客様に見える場所で、調理できる配置に

1人でテキパキと動く姿は、見ていて心地いいもの。準備など仕事をしているところを見せましょう。動く姿が外のお客様からも見えるように意識してください。

「営業車による調理営業」の設備配置（例）

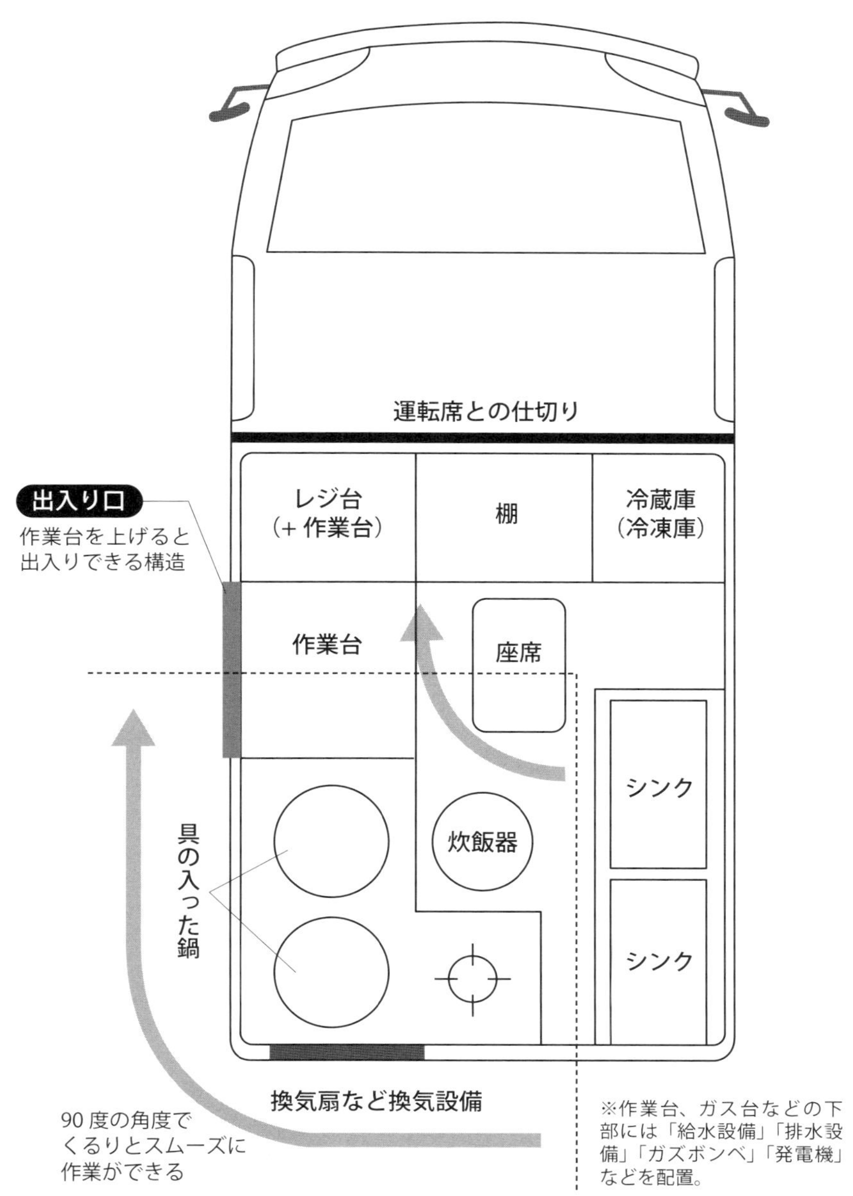

09 グリル機や焼き窯を車にのせて、本格的な味を実現

◆2人いるなら、本格的な焼き上げと接客を分担

1人で運営するなら、事前に調理したメニューを出店場所で盛りつける方法が効率的です。その一方、2人、3人で「調理」と「接客」を分担するパターンも増えました。1人が事前に仕込みをした食材を出店場所で本格的に焼き、もう1人は商品の受け渡しや金銭のやり取りをします。提供する料理の種類や運営する人数に合わせ、出店場所でどのように調理するか、そして車に搭載する調理設備を選びましょう。

◆本格的な調理機で、その場で焼き上げるスタイル

大きなサイズの車に、本格的なロースター機や焼き窯、グリル機を積み込んでいる場合は、出店場所で肉や魚介、生地等を焼くことができます。たとえば、次のような調理機を積み込んで、下準備をした食材を現場で焼き上げげます。

・肉をグリルする機械や窯
・ナン(インドのパン)を焼く窯
・ピザを焼く窯
・ケバブの肉を回しながら焼くロースター機
・肉を焼く鉄板

現場で注文を受けてから焼き上げるスタイルには、大変な体力を必要とするようです。

週末イベントで、本場ナポリスタイルの焼き立てピザ「ADVENTURES★PARTY」のキッチンカーには、アメリカ製のアウトドアオーブンを搭載しています。特注した大谷石の窯は500度の高温になり、ピザが1分で焼き上がります。「窯に合わせて、スピーディにピザ生地をこねて回しています」。

タイ風バーベキュー専門店「STREET FARM KITCHEN」では、スパイスの効いたタレに漬け込んだ肉を次々と焼き上げています。車内にアメリカ製の卓上型バーベキューグリル機を積んでいます。ガス式で200~250度の高温で下面はこんがり、蓋をすることでふっくらした蒸し焼きができます。

タイ風バーベキュー専門店「STREET FARM KITCHEN」は、卓上型バーベキューグリル機で肉をふっくらと焼き上げる。

タイ風バーベキュー専門店「STREET FARM KITCHEN」の店主の佐藤慶太さんと妻の千寿江さん。

「マルゲリータ」〈600円〉。本場ナポリスタイル、手ごねの生地でモチモチした食感でとてもおいしい。

本場ナポリスタイルの焼きたてピザ「ADVENTURES★PARTY」では、注文を受けてから、ピザ生地を伸ばし始める。アメリカ製特注アウトドアオーブンで焼きたてを提供。燃料は木材ペレットチップで、薪窯と同じような香ばしい焼き上がりが可能に。

10 調理機材の調達

開業にあたり、どのような設備、調理器具が必要でしょうか。移動販売車に積むものと厨房で使うものの両方をそろえる必要がありますので、それぞれをリストアップしてみましょう。

設備や調理機材を調達する場合には、①新品を購入、②厨房機器の中古用品店で中古品を購入、③他者から譲り受けるという3つの方法があります。低リスクで飲食業を始めるには、②、③のように中古品をより安く手に入れる方法を探してください。

◆厨房機器の中古用品店を利用する

飲食業に特化した厨房機器の中古用品店やウェブショップがあります。それらの店舗には、廃業した飲食店から回収した、まだまだ使える中古品が数多く並んでいます。移動店舗車のような小スペースに合うような小型の設備は多くはありませんが、程よいものが見つかる可能性は高いです。

また、移動販売車を専門に扱っている業者には、移動店舗にぴったりの中古設備を数多く取りそろえているところもありますから、問い合わせるとよいでしょう。

◆廃業した移動販売車を譲り受けて、手直し

一番やりやすいのは、すでにできあがっている移動販売車を譲り受けること(もちろん、対価は必要)。注意しなければならないのは、設備がもともとついていても、改造をする必要が出てくることです。

しかし、車の大きさに合った設備がもともとあれば、新しく探して設置する手間が省けます。

移動店舗車を専門に扱っている業者にも問い合わせてみましょう。

◆手作りできるものは、工夫して作ろう

車の中に設置する棚、テーブルは、安い材料を集めて自分で作っている移動店舗もたくさんあります。最低限の設備や調理器具を購入して、手作りできる部分はコストをかけずに手作りしましょう。

設備・調理機材の調達法

❶ 新品を購入する

グリル機、コーヒーマシンなど、
こだわりを表現する機械

❷ 厨房機器の中古用品店で購入する

業務用炊飯器、冷蔵庫、ガス台、
鍋など

❸ 人から譲り受ける

移動販売車を設備ごと、など

※手作りできるものはできるだけ自作する

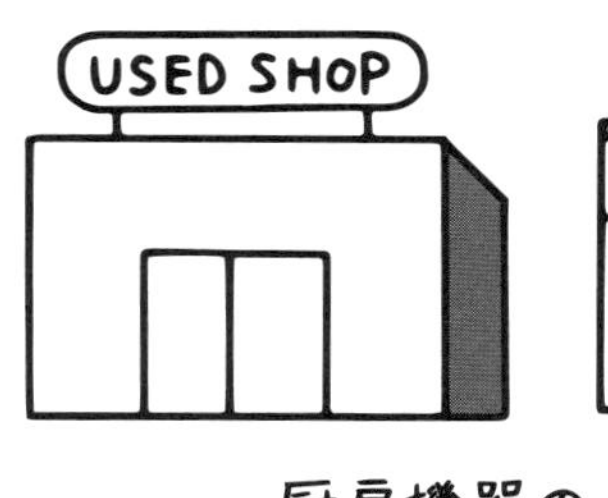

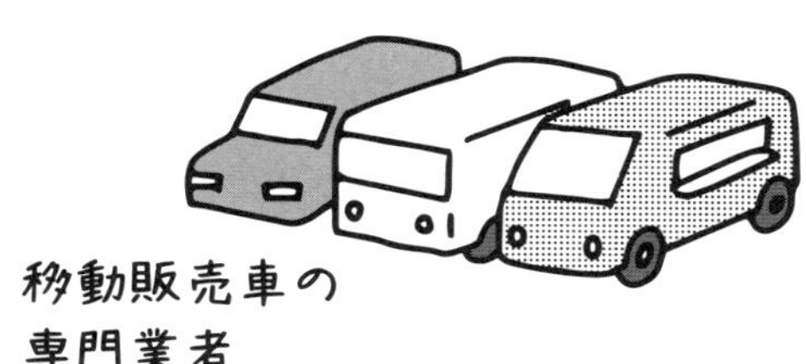

電源装置、ゴミ捨て、トイレはどうする？

◆電源装置として発電機を設置

移動店舗では冷蔵・冷凍庫などの設備や電気装置などの電力供給に、発電機を稼動させます。電源装置は車内の食品衛生上支障のないところに設置します。

冷蔵庫、換気扇、電子レンジ、炊飯器、ライトなど、車内で使用するすべての電気機器の必要発電量を計算して発電機を選びましょう。必要な電気量により、車に発電機を2台積むこともあります。

◆ゴミは持ち帰る。現場には絶対残さない！

出店場所には、専用のゴミ箱を置き、ゴミは自分で持ち帰ることになります。食べ終わったお客様がその場にゴミを放置したり、コンビニに設置しているゴミ箱に捨てる人が増えると、苦情のもとになって営業継続が難しくなりますから気をつけましょう。

ゴミ箱は、店舗の近くに設置します。お店の雰囲気とマッチするものを置きましょう。

紙製容器、割り箸などの「可燃ゴミ」と、プラスチック製スプーンやビニール袋などの「不燃ゴミ」を分別して処理します。

ゴミの分別や環境問題を加味して、あらかじめ可燃ゴミになる容器しか使わない人もいます。

◆近所にあるトイレの場所も知っておこう

移動店舗を開店している時間には、トイレにもなかなか行けません。客用トイレを設置しているコンビニ、公園のトイレ、駅など、利用できるトイレも探した上で出店場所を決めるとよいでしょう。

1人で営業しているオーナーの中には「数時間、トイレに行かなくても大丈夫なように、飲む水分量を調整しています」という方もいますが、健康にはよくないので、近場のトイレを確認してから開店するようにしましょう。実際、車で温かい料理を調理していると、車内は真夏以上の暑さになり汗だくになります。水分を十分に取らなければ、脱水症状になってしまうかもしれないので気をつけましょう。

ケーキポップ専門店「cake pop Felicite（フェリシテ）」の移動販売車はオール電化なので、2,600 W の強力な発電機を使用。「900 W くらいの発電機なら女性 1 人でも持ち運びができますが、容量の大きい発電機は 30 ～ 40 キロと重いので、車内への持ち運びが難しい」と、店主の今泉ひろみさん。そこでクルマの後ろに取り外し可能なキャリー（ヒッチメンバー）をつけて、発電機を乗せて運んでいる。出店時には、騒音対策および雨に濡れないようにプラスチック製の犬小屋をかぶせている。「ホームセンターでちょうど良い大きさの犬小屋を見つけたので、裏に防音シートを貼って使っています」。

＊出店場所によっては、電源を貸してくれるところもあるが、照明、冷蔵庫、エスプレッソマシーン、ホットプレートの使用等で電力が必要となる。そこで発電機を自前で持参する移動販売車が多い（出店先によって発電機使用 NG のところもあるので、個別に要確認）。

12 開業届と確定申告について

移動販売を始めたら、個人事業主として「開業届」を提出したり、1年に一度の「確定申告」をする必要があるかどうかを考える必要があります。

◆税務署へ「開業届」を提出

厨房キッチンのある地域を所轄している税務署に「個人事業の開業・廃業等届出書」を提出します。開業届は、事業開始から1カ月以内に提出しましょう。開業届はＡ４用紙1枚の書類で、税務署の窓口で入手、または国税庁のホームページからダウンロードできます。

開業届に記載する項目は、厨房キッチン（事務所）の住所、個人事業主の氏名、生年月日、開業した業種（職業）、屋号、開業日、事業の概要、従業員数等、個人事業の基本的な事柄です。

◆「青色申告承認申請書」

また、開業から2カ月以内に「青色申告承認申請書」（1枚）を提出するといいでしょう。開業届と同様に、税務署窓口や国税庁ホームページからダウンロードできます。青色申告事業者になると、記帳や損益計算書作成の必要がありますが、確定申告時に節税メリットがあります。

◆確定申告

1年間の売上から経費を差し引いた「年間所得」が20万円以上になったら、確定申告をする必要が出てきます。確定申告は、毎年1回、2月16日から3月15日のあいだに行います。1月から12月までの1年間の所得額を、翌年の確定申告で、確定申告書類に記載して報告します。所得税額は、昨年1年間の売上から経費を差し引いた「所得」に応じて決定されます。

【所得の計算式】

所得 ＝ 売上 － 経費

開業・廃業届出書

印刷

税務署受付印

1	0	4	0

個人事業の開業・廃業等届出書

＿＿＿＿＿＿税務署長

＿＿年＿＿月＿＿日提出

納税地	○住所地・○居所地・○事業所等（該当するものを選択してください。） （〒　　－　　） （TEL　　－　　－　　）		
上記以外の住所地・事業所等	納税地以外に住所地・事業所等がある場合は記載します。 （〒　　－　　） （TEL　　－　　－　　）		
フリガナ 氏名	㊞	生年月日	○大正 ○昭和 ○平成 ○令和　年　月　日生
個人番号			
職業		フリガナ 屋号	

個人事業の開廃業等について次のとおり届けます。

届出の区分	○開業（事業の引継ぎを受けた場合は、受けた先の住所・氏名を記載します。） 住所＿＿＿＿＿＿＿＿　氏名＿＿＿＿＿＿ 事務所・事業所の（○新設・○増設・○移転・○廃止） ○廃業（事由） （事業の引継ぎ（譲渡）による場合は、引き継いだ（譲渡した）先の住所・氏名を記載します。） 住所＿＿＿＿＿＿＿＿　氏名＿＿＿＿＿＿		
所得の種類	○不動産所得・○山林所得・○事業（農業）所得〔廃業の場合……○全部・○一部（　　）〕		
開業・廃業等日	開業や廃業、事務所・事業所の新増設等のあった日	年　月　日	
事業所等を新増設、移転、廃止した場合	新増設、移転後の所在地	（電話）	
	移転・廃止前の所在地		
廃業の事由が法人の設立に伴うものである場合	設立法人名		代表者名
	法人納税地	設立登記	年　月　日
開業・廃業に伴う届出書の提出の有無	「青色申告承認申請書」又は「青色申告の取りやめ届出書」	○有・○無	
	消費税に関する「課税事業者選択届出書」又は「事業廃止届出書」	○有・○無	
事業の概要 （できるだけ具体的に記載します。）			

給与等の支払の状況	区分	従事員数	給与の定め方	税額の有無	その他参考事項
	専従者	人		○有・○無	
	使用人			○有・○無	
				○有・○無	
	計				

源泉所得税の納期の特例の承認に関する申請書の提出の有無	○有・○無	給与支払を開始する年月日	年　月　日

関与税理士

（TEL　　－　　－　　）

税務署整理欄	整理番号	関係部門連絡	A	B	C	番号確認	身元確認
	0						□ 済 □ 未済
	源泉用紙交付	通信日付印の年月日	確認印	確認書類 個人番号カード／通知カード・運転免許証 その他（　　）			
		年　月　日					

https://www.nta.go.jp/taxes/tetsuzuki/shinsei/annai/shinkoku/pdf/h28/05.pdf

保健所の営業許可が必要

◆食品衛生法に準じた保健所による検査

移動店舗が営業を行うには、所轄する保健所に営業許可申請を行い、都道府県が定めた施設基準に合致した施設を作り、営業許可を受ける必要があります。

保健所では、食品を取り扱うにあたり清潔な製造販売ができるかどうかを厳しくチェックします。営業許可申請の手続きは、次のようなプロセスです（東京都の場合）。

①営業許可を取る地域を決定する
②商品を決め、施設の設計図を描いて、保健所に事前相談に行く（車の改造前に、必ず事前相談に行くこと）
③申請書類の提出
④施設（販売車）検査の打ち合わせ（申請の際に、保健所の担当者と工事の進行状況の連絡や検査日などの相談をしておく）
⑤施設（販売車）完成の確認検査（保健所まで、販売車を運んで検査）
⑥許可書の交付（施設基準に適合確認後、許可書交付までには数日かかる）
⑦営業開始

◆保健所への営業許可申請書の提出

飲食店の移動店舗を開店するには、保健所への営業許可申請書の提出が必要です。申請に必要な書類は、次の通りです（東京都の場合）。

【申請の際に必要な書類】

①食品衛生責任者の資格を証明するもの（食品衛生責任者手帳など）
②営業許可申請書　1通
③営業設備の大要・配置図　2通
④営業の大要　1通
⑤仕込場所の営業許可書の写し　1通
⑥許可申請手数料（「飲食店営業」1万8300円）
⑦登記事項証明書（法人の場合）　1通

営業許可申請の流れ

営業許可を取る地域を決める

↓

所轄の保健所で、事前相談

↓

申請書類の提出

↓

施設（販売車）検査の打ち合わせ

↓

施設完成の確認検査

↓

許可書の交付

↓

営業開始

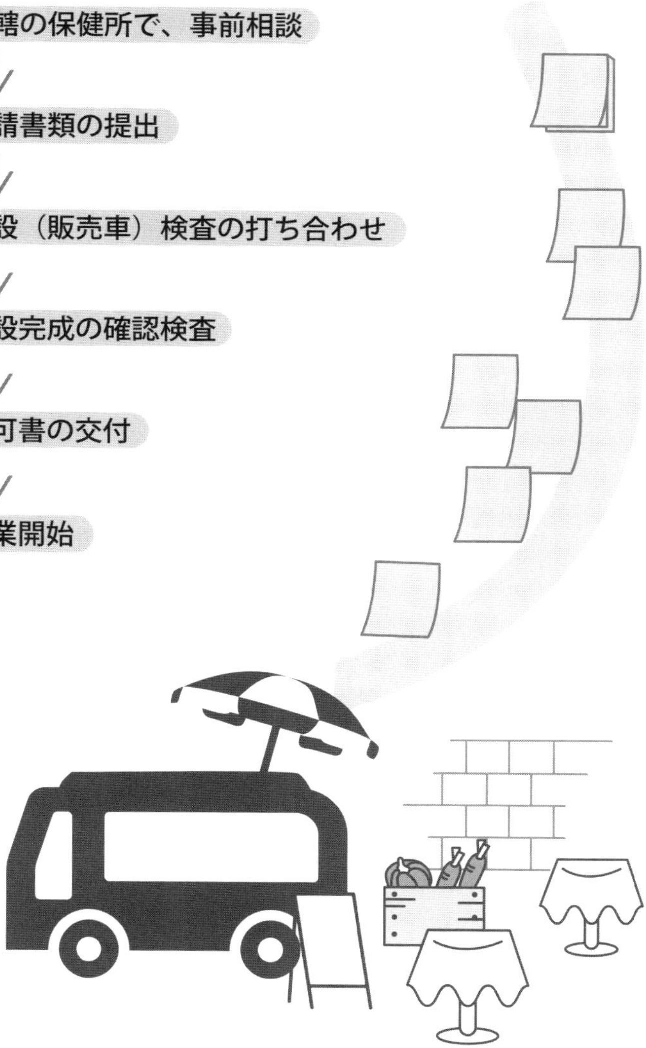

14 自動車による「調理営業」と「販売業」

◆調理営業と販売営業の違い

自動車（二輪車を除く）による移動販売には大きく分けて、車内で調理をして商品を提供する「調理販売」と、車では調理ずみのパック（袋を含む）商品を販売するだけの「販売業」があります。調理営業は営業車内で調理・加工ができますが、販売業は営業車内で調理・加工ができないのが大きな違いです。食品衛生法施行令第35条では、飲食業の許可業種を34分類に分けて管理しています。営業許可を受ける際にもこの分類に則って許可を受けることになります。都道府県が定める施設基準が違いますので、次ページを参考の上、所轄の保健所に事前に確認しましょう。

◆業種に応じた、取り扱い商品に関する注意事項

業種に応じ、取り扱いできる食品に違いがあります。

①飲食店営業、喫茶店営業、菓子製造業

・生ものは、提供しないこと

・飲食店営業の営業車内での調理加工は、簡単なもの（小分け、盛り分け、加熱処理など）に限る　例：出店場所で調理販売するオムライス、焼き鳥、焼きそば、うどん、そば。出店場所で盛りつけるアジア料理の弁当。出店場所で作るサンドイッチ

・菓子製造業の営業車内では出店場所で焼き上げるパン、クレープ、出店場所で作るケーキ、クッキー、まんじゅうなどを販売できる

・飲食店営業はアルコールを販売できるが、喫茶店営業は販売できない

②食料品等販売業、食肉販売業、魚介類販売業、乳類販売業

・営業車内での調理加工は行わないこと。

・営業車内では、あらかじめ包装された食品だけを取り扱うこと。例：袋詰めのパン、パックに詰めた弁当

・魚介類販売業の場合は、営業車内では、あらかじめ包装された生食用魚介類だけを取り扱うこと。ただし、丸もの（＝包丁を入れていないもの）は除く

自動車による移動販売（＊1）の分類

営業車の分類	食品衛生法の許可業種＊2		販売内容の実例
	業種	定義及び対象	
調理営業 営業車内で、調理・加工ができる	飲食店営業	・一般食堂、料理店、そば屋、仕出し屋、弁当屋、レストラン、バー等。食品を調理し、又は設備を設けて客に飲食させる営業。 ・アルコールを販売できる。	・出店場所で調理販売するオムライス、焼き鳥、焼きそば、うどん、そば、ギョーザ ・出店場所で盛りつけるアジア料理の弁当 ・出店場所で作るサンドイッチ ・ビール、日本酒、焼酎、ワイン、カクテル
	喫茶店営業	・喫茶店、その他設備を設けて、酒類以外の飲料又は茶菓子を、客に飲食させる営業。 ・かき氷の販売、ジュース等のコップ式自動販売機も対象。 ・アルコールは、販売できない。	・コーヒー等の飲料 ・フレッシュジュース ・かき氷
	菓子製造業	・ケーキ、あめ、せんべい等、社会通念上菓子と認識されるものを製造販売する営業。 ・チューイングガム、パンを製造する営業。	・出店場所で焼き上げるパン、クレープ ・出店場所で作るケーキ、クッキー、まんじゅう
販売業 営業車内では、調理・加工はできない	食料品等販売業＊3	・パン、弁当類、そう菜類、乳製品、食肉製品、魚介類加工品、その他の調理加工を要しないで直接摂取できる食品を販売する営業。	・袋詰めのパン ・パックに詰めた弁当
	乳類販売業	・直接飲用に供される牛乳、山羊乳、もしくは乳飲料または乳を主要原料とするクリームを販売する営業。	包装された ・牛乳、山羊乳、チーズ ・乳飲料
	食肉販売業	・鳥獣の生肉（骨および臓器を含む）を販売する営業。許可を受けた食肉販売業者が食肉を細断包装したものを、他の者が保管し、注文配送する場合も含む。	・包装された鳥獣の生肉 ・ソーセージ
	魚介類販売業	・鮮魚介類（鯨肉を含む）を販売する営業。	（基本的に包装された） ・鮮魚介類（鯨肉を含む）

＊野菜の販売には、特別な許可は必要ない（52ページを参照）
＊1：自動車（ただし、2輪のものを除く）に設備を搭載し、移動しながら行う営業
＊2：食品衛生法施行令　第35条
（2018年の食品衛生法改正で、届出業種が新設される可能性がある。食品衛生法の許可業種34業種のうち、近年、移動販売に見られる業種について記載）
＊3：食料品等販売業については、食品製造業等取締条例　第2条による業種。

下ごしらえをどこでするか？

◆**車内だけで調理可能な場合**

揚げ物やクレープ、団子、たこ焼き、かき氷、コーヒー等は、キッチンカーの車内ですべての調理が可能です。商品単価は安めなのですが、販売時間に車内で準備できるというメリットがあります。売上単価を上げるには手の込んだ調理が必要で、出発前に肉の下ごしらえをしたり、料理の仕込みをする必要があります。

◆**厨房キッチンの確保**

保健所から飲食業の営業許可を受けるには、都道府県の定めた施設基準に準じた厨房スペースの確保が条件です。移動販売を始める場合にも、商品の仕込み場所となる厨房について説明しなければなりません。

自宅キッチンを使う場合は、自宅用とは別に販売商品を調理するキッチンが必要です。また、知人がすでに許可を受けた固定店舗の厨房を、時間貸し（開店前の早朝や閉店後など）で利用させてもらうことも多いようです。

ほとんどの店は、厨房で調理や下準備をした食材を車に積み込んで出店場所に向かいます。車の中での調理に比べ、出店場所でのスムーズなオペレーション、ゆくゆくは多店舗経営をすることを想定するなら、固定の厨房（多店舗展開ではセントラルキッチンとなる）を持つとよいでしょう。

◆**専用厨房を用意する場合は、固定店舗も経営**

厨房を作る際、店舗スペースがあって立地もよければ、固定店舗を開くこともできます。座席のある固定店舗を開きながら、クルマの台数を増やしていく方もいます。または、厨房キッチンではランチボックスの持ち帰りだけの営業もできます。ランチ営業の場合、たとえば朝6時頃から10時頃まで仕込みをして、10時には車が出店地へ出発（数台のクルマがある場合は、鍋を積み込んで同時に出発）。固定店舗には、朝9時には家族やアルバイト人材が出勤して開店準備して、移動販売と固定店舗の両方で売上を作ります。

車内だけで
調理

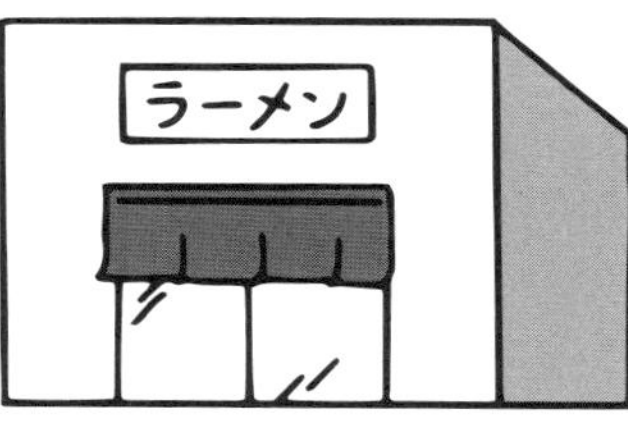

知人のキッチンを
時間貸しで利用

専用厨房
＋固定店舗

16 移動店舗に必要な内装、設備（調理営業の場合）

◆まず保健所で相談を

所轄の保健所で営業許可を受ける際の検査では、「都道府県が定めた施設基準に合致した施設になっているか」を確認されます。前述の「営業車による調理営業」と「営業車による販売業」では必要な設備要件が違います。移動店舗を始める前に、所轄の保健所に事前相談に行ってください。ここでは、最近増えているランチ販売やカフェ屋台を含む「営業車による調理営業」について、必要な設備を見ていきます。調理営業とは、次のような営業形態を含みます。

・飲食店営業（例：車内で容器にご飯を入れてカレールーをかける、お酒を販売する）
・喫茶店営業（例：車内でコーヒーを作り容器に入れて販売）
・菓子製造業（例：車内で菓子パンを焼く）

◆施設の基準

「営業車による調理営業」をする場合、公衆衛生を保つため、耐水性と耐久性がある設備で、清潔さを保てる構造であることが条件とされます。固定した屋根、壁のある自動車を使い、運転席と調理スペースは完全に仕切りましょう。車内は十分な明るさがあること、換気ができること、取扱い品目及び取扱い量に応じた十分な面積があることも必要です。

①流水式の手洗い設備（シンク）
②流水式の洗浄設備（シンク。①とは別に必要）
③給水タンク（所定の容量以上の飲用水を供給できるもの）
④排水タンク（給水タンクと同等の容量のもの）
⑤換気設備または換気できる構造（換気扇）
⑥保管設備（棚など、器具を衛生的に保管する設備）
⑦必要な電力が供給される電源装置（発電機など）
⑧冷蔵設備（例：自家発電による冷蔵装置。冷蔵を必要としない場合はこの限りではない）
⑨蓋がある耐水構造の廃棄物容器

「営業車による調理営業」の設備例（東京都の場合）

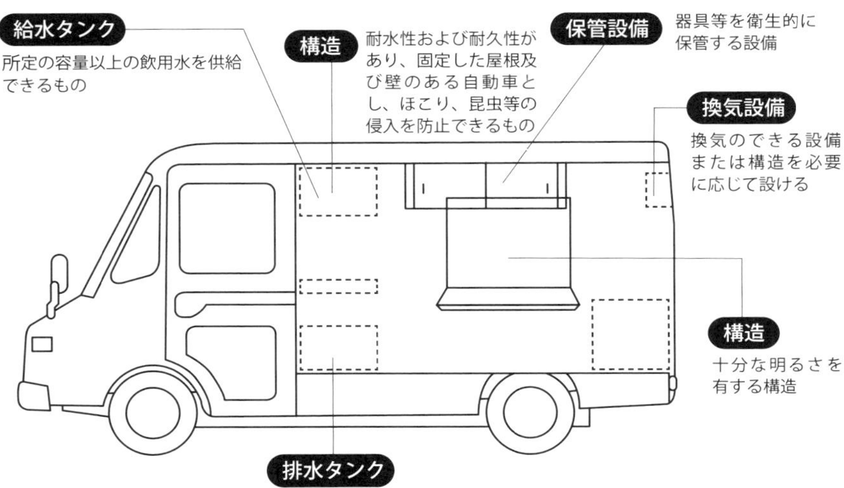

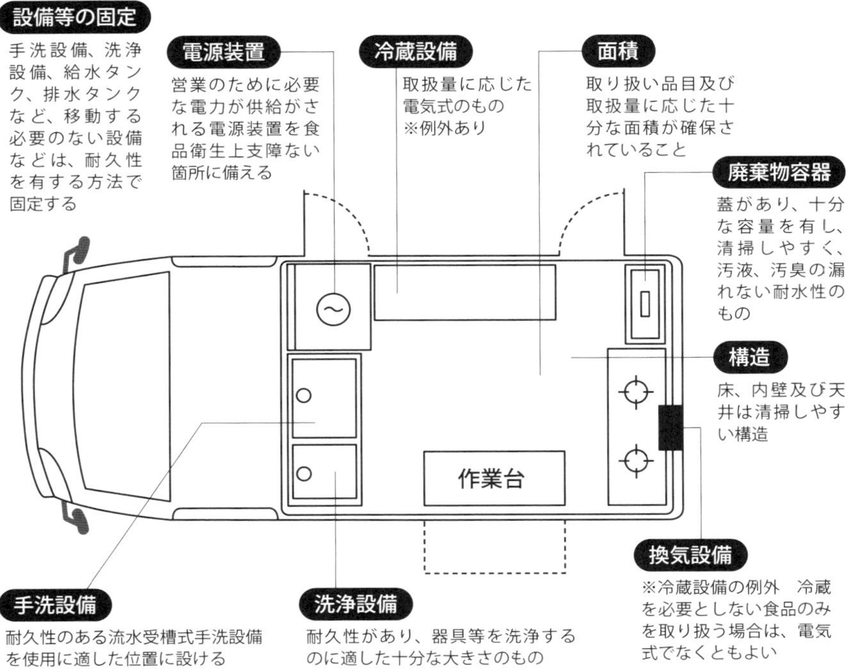

「食品衛生責任者」資格の取得

◆**食品衛生責任者の資格をとるには**

食品の製造、販売業を営むには「食品衛生責任者」の資格が必要です。食品衛生責任者の資格は、1日間の養成講習会を修了すれば取得できます。店主みずから取得、または従業員が資格を持っていればOK。栄養士、調理師、製菓衛生師などの資格をすでに持っている人は食品衛生責任者になれます。

◆**食品衛生責任者とは**

食品衛生責任者は食品の安全を守るために、施設の管理、食品を取り扱う設備の管理、給水・汚物処理・食品などの取扱いに関する衛生管理、従業員の教育を行います。移動店舗でも食中毒などを起こさないように、衛生面の徹底を図らなければなりません。

◆**「食品衛生責任者」資格の取り方**

食品衛生責任者養成講習会は、各都道府県で毎月開催しています（東京都の場合は月に約10回）。事前に申し込み、講習会に参加します。詳細日程については、各都道府県の食品衛生協会（東京都であれば、社団法人東京都食品衛生協会）のホームページを見てください（http://www.toshoku.or.jp）。

1日6時間（午前9時45分くらい～午後4時30分くらいまで）の講習を受ければ、受講者全員が資格を取得できます。受講料は、教材費を含み約1万円（都道府県によって異なる）です。

受講する科目は、衛生法規（2時間）、公衆衛生学（1時間）、食品衛生学（3時間）など。講習修了後に、食品衛生責任者手帳をもらいます。

◆**移動店舗に関心を持った時点で取得してもよい**

移動店舗を含めた飲食業を開業するには食品衛生責任者の資格は必須です。

今すぐに開業しなくても近い将来、飲食業を始めるつもりで、食品衛生管理者の資格を先に取得する人もいます。少しずつ準備を始める意味で、前もってこの資格を取得しておくのもいいかもしれません。

食品衛生責任者になれる資格

1. 栄養士、調理師

2. 製菓衛生師
3. 都道府県が実施した食品衛生責任者養成講習を修了した人
4. 食品衛生監視員の資格を取得するための要件を満たす人
5. 学校教育法に基づく大学において、医学・歯学・薬学・獣医学・畜産学・水産学・農芸化学の課程を修めて卒業した人
6. 食品衛生管理者、食鳥処理衛生管理者または船舶料理士
7. 上記の者と同等以上の知識を有すると知事が認めた人

6章

地域活性化の鍵は
移動販売車！
出店場所を探そう

道路での営業は禁止されている（道路交通法）

◆「道路の使用許可」の申請

駐車違反の取り締まりが以前より厳しくなっているのはご存じのとおりです。一般の道路にクルマを止めて販売行為を行うことは難しいのが現状です。

もともと道路交通法で、道路上での販売行為は「道路不正使用」として禁止されています。路上での販売は警察によって規制され、注意しても移動しない場合は駐車違反の反則金という罰金があります。

周囲の住民などから苦情が寄せられ、警察が出店地に行って取り締まることもあるそうです。

道路に屋台を出す等、道路を使用したい場合には、管轄する警察署の交通規制係で「道路の使用許可」を申請します。必要書類を提出した上で審査を仰ぎますが、必ずしも許可が下りるとは限りません。

◆継続的に出店できる場所の確保

長く出店できる場所を確保することにより経営を安定化しやすくなります。人通りの多い場所で駐車場を借り切ることや、住宅展示場のような催事場と定期契約を結ぶことなど、長期的な出店契約が結べる場所を根気よく探し出すことも大切です。

ショッピングセンター、スーパーマーケットなど大手デベロッパーへの出店では、1つの固定店舗と同じような扱いになるので、事前に打ち合わせたメニューを勝手に変更したり、衛生管理がずさんな店舗には出店許可がおりません。

移動店舗をコーディネートするイベント企画会社への出店依頼もいいでしょう。ただし、数多くの店から厳選されるため、必ずしも出店できるとは限りません。契約前に必ず、業者の支払いサイト（どのタイミングで代金が支払われるのか。即日、翌月末、翌々月末等など）や契約書などを確認しておきましょう。

また、空きスペースと利用者のマッチングサイト「軒先ビジネス」「スペースマーケット」等で、1日単位でスペースを借りることもできます。

出店場所の例

1. 屋台村などに加盟
2. 住宅展示場など催事場と定期契約
3. スーパーマーケットなどへの出店
4. イベント企画会社との契約
5. 空きスペースのマッチングサイトで見つける

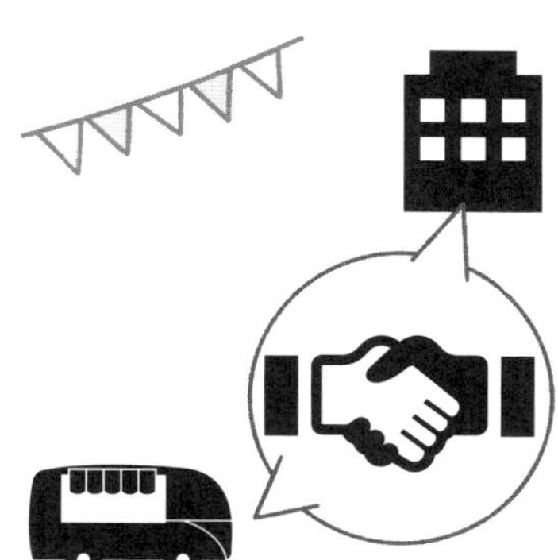

ネオ屋台村

02 出店する駐車場の選び方

◆私有地での場所探しが賢明

道路上での販売行為は規制もあって難しいのですが、私有地での販売は可能です。私有地とは、駐車場やビルや店舗敷地の空きスペースのこと。長く安定的に移動店舗を続けるためには、私有地に家賃を払って場所を借りて、移動することなく、決まった時間に営業することをおすすめします。

私有地の例としては、他の固定店舗（パン屋、洋服屋、雑貨屋、美容院、カフェ等）の駐車場、遊休地や、夕方から開店する店の駐車場を借りるのもいいでしょう。出店できそうな場所が見つかれば、所有者や管理者を探して直接問い合わせてみましょう。土地の管理者への交渉は、相手がメリットを感じるような条件（駐車料金の提示など）を付加して行うようにしましょう。

◆場所を見つけたら、駐車場オーナーに交渉

東京・原宿から渋谷まで繋がるキャットストリートに２０１４年11月にオープンした「COCO-agepan」。小学校の給食でも食べた「あげパン」をココナッツオイル１００％で揚げ、てん菜糖、フレーバーには国産の松山宇治茶等を使用するなどで提供しています。店主の高木ゆきさんはもともと美容業界で働いていて、手元にたくさんあったのがココナッツオイル。パン教室にも通っていた経験から、「あげパン」の販売を思いついたそう。移動販売車であげパンを売ることに決め、出店場所を探しました。高木さんには、最初から「原宿キャットストリートに出店したい」という希望がありました。そこで、キャットストリート周辺をくまなく歩き、空きスペースをすべて調べて回りました。駐車できそうな場所を見つけるたびに、土地のオーナーを直接探して、プレゼン資料を持って交渉を続けました。そしてやっと現在の駐車場を借りることができ、「COCO-agepan」をオープンしました。若者が集まる観光地なので週末の昼間が忙しく、営業時間は水曜日から日曜日までの12時～18時となっています。

東京原宿・キャットストリートに出店している、あげパンのフードカー「COCO-agepan」。

移動型カフェ「Caffé del CIELO」。ネオ屋台村（東京国際フォーラム）、迎賓館赤坂離宮、船橋アンデルセン公園等、青空の下でコーヒーを淹れる。「キッチンカーのブランドに合わせて、出店場所を選べるのも魅力」とオーナーの青木裕司さん。

03 曜日によって、出店する場所を変える

◆移動店舗の敵は「飽きられること」

移動店舗の売り物は「もの珍しさ」。移動店舗は「非日常」が感じられるからよいのです。毎日同じ場所にある店舗ではお客様に飽きられてしまいます。飽きられないように、曜日ごとに出店する場所を変えましょう。

オフィス街、住宅街近くの駅前など、お客様があまり変わらない地域への出店は、週に2日程度に抑えます。「同じ場所に同じ時間帯にいる」ポイントについては、194ページを参考にしてください。

◆土日祝日に、出店できる観光地を探そう

観光客は、日常を忘れて観光に来ていますから、その分、財布の紐がゆるみます。平日はオフィス街で営業している移動店舗も、休日に観光地で営業できれば売上も上がりますし、天候に左右されやすい平日の変動をカバーすることができます。すでに、移動店舗が1店でも出店している場所があれば、そのオーナーに問い合わせてみましょう。ショッピングセンターや民家の駐車場、時間貸出しの駐車場など、貸してくれるところはないか問い合わせてみてください。

移動店舗は増えてきているとはいえ、まだまだ伸びしろがあります。それぞれの地域に合わせた独自の方法を模索してみましょう。

◆観光地にはほぼ毎日いてもよい

観光地や全国からの観光客が多い繁華街には、ほぼ毎日出店していてもOK。逆に、客数が多い分、競合店も多いので、場所の確保に気を配りましょう。

◆雨が降っても濡れない場所を1カ所確保しよう

移動店舗は天候、特に「雨」と「寒さ」に左右されやすい商売です。雨が降っていても、雨に濡れない場所で買えてその場で食べられれば、お客様は多少は来てくれます。1週間のうち、1日は雨に濡れない出店場所を確保しましょう。それはショッピングセンターの一角、屋台村などさまざまです。

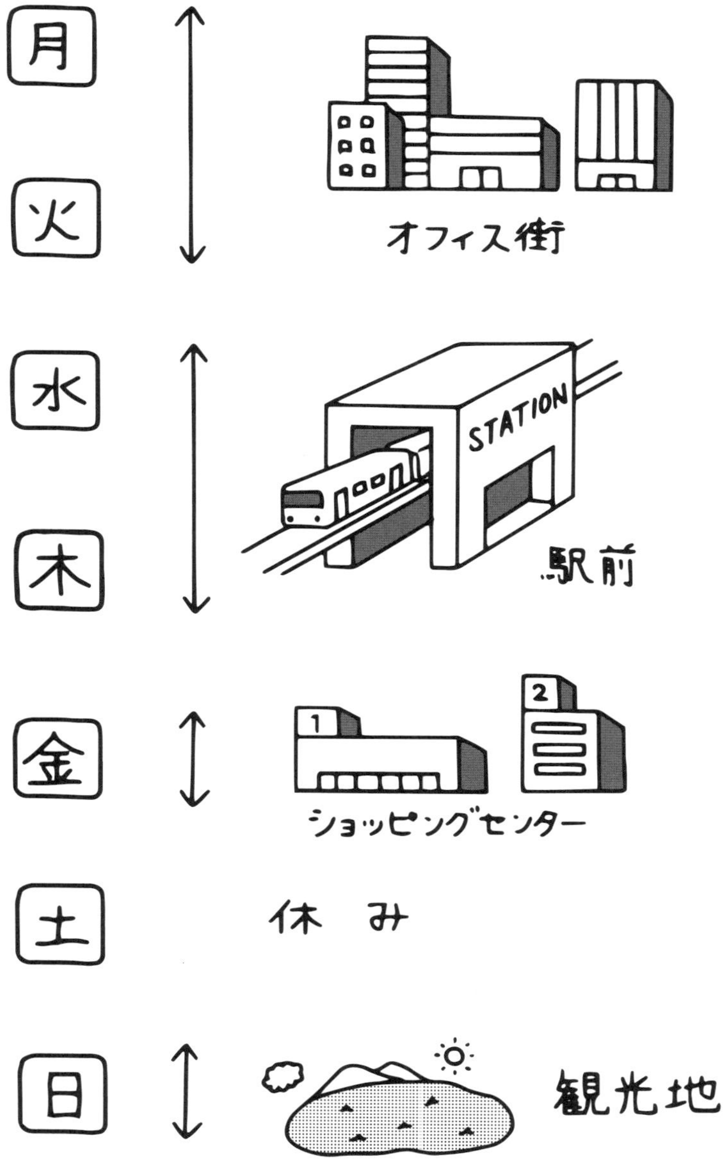

月
火
オフィス街

水
木
STATION
駅前

金
1
2
ショッピングセンター

土
休み

日
観光地

04 場所選びのポイント

◆**人目につきやすい場所**

ひと目で「あっ、おもしろそうな車が停まってい る！」と思われるよう、目立つ場所に出店することが前提です。駐車場はメイン通りから奥まった場所にあることも多いので、周囲から目立つかどうかは立地選びの際に注意してください。意外に多いのが、通りをはさんだ向かいのオフィスビルからは車が見えない場合。四方八方から目につく場所がベストです。

◆**車の四方に2メートル以上の空間があること**

四方に人が3人以上並んで通れる、2メートルくらいの空間があることは重要です。開店中でも、急いで車を移動しなければならない場合もあるでしょうし、お客様がくつろげる空間は成功ポイントの1つだからです。

出店している私有地のオーナーから許可が出れば、手軽なイス（座席が1人分で30センチ四方）を置くこともできます。車のまわりにイスを3脚くらい置くだけで、お客様の滞在時間が長くなり、また別のお客様の集客効果にもつながります。

◆**半径30メートル以内にイス、ベンチがある**

「お店で食べ物を買った後、あのイスで食べよう」と、座って食べる場所が決まると、すぐに購買行動を起こします。食べ物を買ってから30メートルくらいなら、歩くのも苦ではありません。

座れる場所は、例えばこんな場所です。

・公園
・スーパーマーケットなどの広場
・歩道に設置されたベンチや植林スペースのヘリ
・自店で持参した簡易ベンチが置ける場所

◆**折りたたみ式のイス、テーブルがあると便利**

アウトドアショップで購入できるような携帯式のイスや折りたたみテーブル、ビール瓶ケースや、プラスチックのイスを利用すると便利。ゆっくり座って食べるスペースがあれば、お客様は確実に増えます。

人目につきやすい場所

四方に2m以上の空間

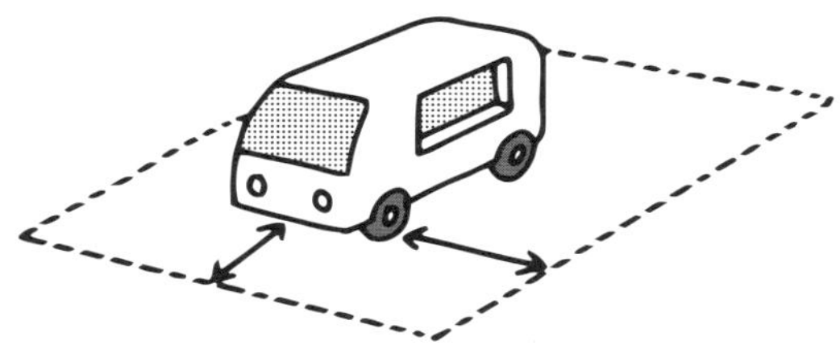

半径30m以内にイス、ベンチ

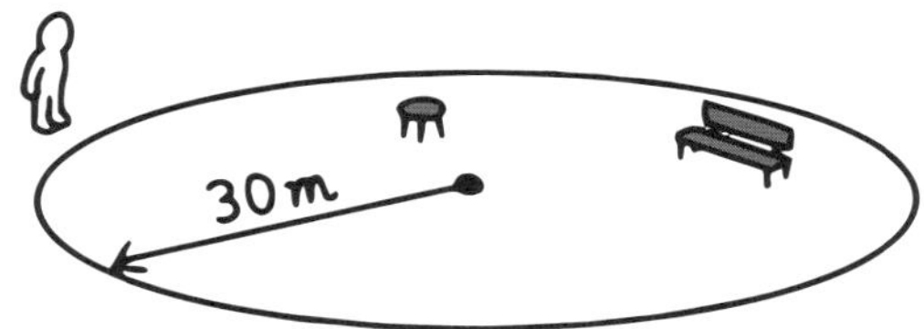

05 自分の足で周辺調査して、テスト出店。気の合う場所に出会うまで気長に探そう

◆平日と休日、開店予定時間に調査

出店したい場所には自分で足を運び、周辺の調査をします。平日、土曜、日曜祝日の周辺住人の行動には特徴がありますので、少なくとも平日に2回（曜日は変える）、土曜、日曜それぞれ、出店希望地に通って周辺調査をします。現地に行くのは、出店を予定している時間帯にします。

次のような手順で実行してみましょう。

①出店を希望する場所に出向く

②人通りがどれくらいあるかを確認　客層（性別、年齢、職業など）を見て、あなたのお店のお客様になってくれる人がどれくらいいそうか、少なくとも1時間くらいはその場に立って調査する。

③次の通り、周囲をくまなく歩く　飲食店、コンビニ、オフィスビルの有無、住宅街の確認。

④1日目の調査をもとに、出店できそうかどうか検討

⑤別の日の同じ時間帯に②の調査

⑥（⑤と同日に）③ではやっている飲食店、コンビニ、スーパーマーケットで購入されている商品の単価、どんな商品をどんな客層が買っているかをチェック

これらを繰り返し行い、出店するかどうかを検討します。

◆半径200メートルの飲食店を調査

半径200メートルの範囲をくまなく歩いてみましょう。飲食店、コンビニなどの出店状況を確認します。特に、コンビニの乱立や有名なファーストフードチェーン店が数件ある場合には、ある程度の客数がいることを意味しています。あなたが出店を希望する時間に、それなりのお客が入っている飲食店で実際に食事をしてみましょう。お客様が何を注文しているかに注目します。あなたの提供する商品と同じタイプの商品がないかどうかもチェックします。

見込みのありそうな場所には、実際に出店してみましょう。テスト出店を繰り返し、出店場所を探します。

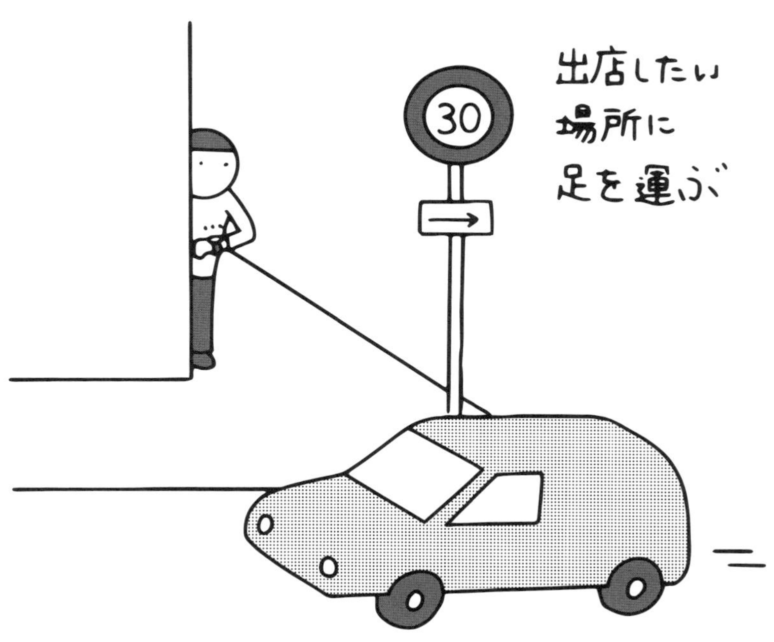

半径200mの飲食店を調査

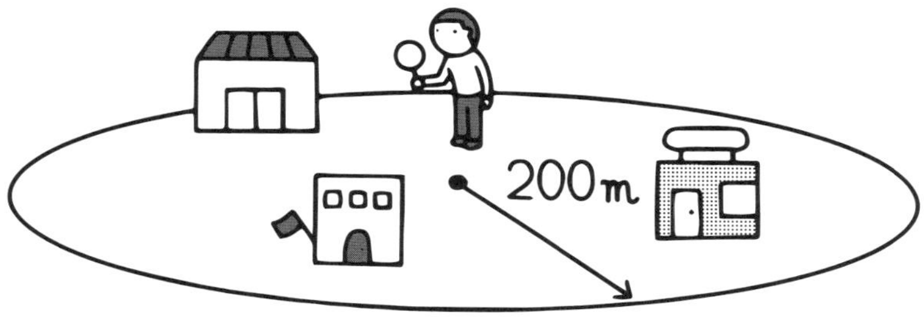

06 イベントへの出店も大きな仕事

◆土日祝日は、イベント出店

土日曜、連休には全国各地でイベントが開催されます。イベント会場には、移動店舗のような楽しい催しがよく似合います。イベントの種類は、地域マルシェ、展覧会、スポーツ会場、音楽フェスなど多岐にわたります。イベントへの出店料は、固定価格や売上の何割かなど、主催者によってさまざまです。

ピッツァ職人の宮澤寿夫さんが本場ナポリスタイルの焼きたてピザを提供する「ADVENTURES★PARTY」。週末に各種イベントやサッカー試合会場で焼きたてのピザを販売しています。注文を受けてから、宮澤さんが手ごねした生地を、キッチンカーに搭載したアメリカ製の特注アウトドアオーブンで焼き上げます。大きなイベントではずっとピザを焼き続け、とても忙しいそうです。「イベントの売上はピザの枚数勝負で、スピード勝負ですよ」。

イベントへの出店は、昔からの知り合いから声が掛かることが多いそうです。季節イベントへの出店については、開催の数カ月前にLINEや電話で打診があります。「電話一本で、仕事の依頼が入ります。人が人を呼ぶと言いますが、人と人とのつながりの世界だと思います」。

多くの人と関わるコミュニケーション能力が高いほうが、イベント出店は成功しやすいようです。

◆イベント出店は不定期

イベントへの出店は、常時あるものではありません。集客の多いイベントは売上も多い魅力的な案件ですが、出店は不定期です。基本的な出店場所での営業に加えて、ボーナス的な感覚で捉えてみましょう。

ある程度定期出店している場所での営業に加えて、1週間に2日くらい（例えば、土日祝日）はイベント用にいつでも出かけられるようにしておくのもよいでしょう。

18 種類のイベント出店場所

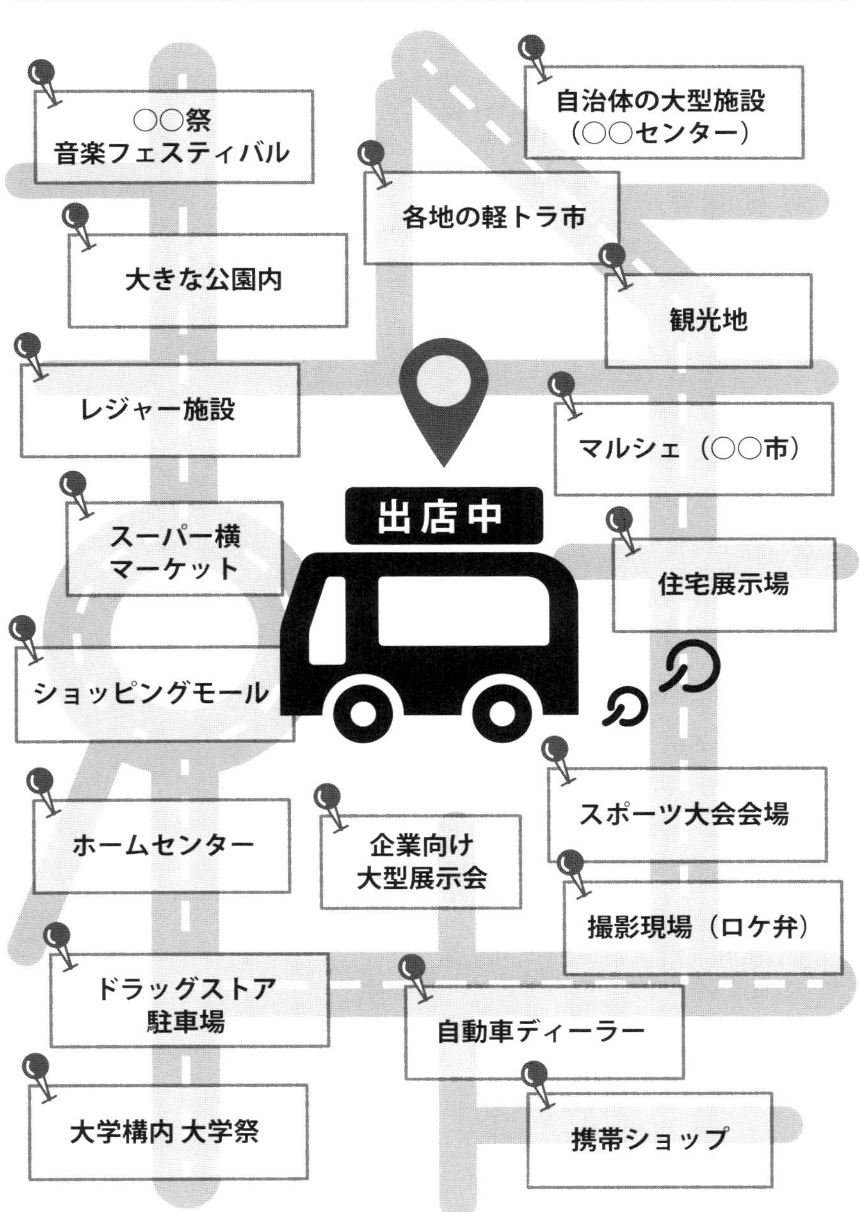

07 「マルシェ」「フェスティバル」への出店

全国各地で「マルシェ」「フェスティバル」「公園の季節祭り」等、さまざまなイベントが行われ、移動販売車が出店できる機会も増えています。出店場所を探し続けなければならないのが移動販売オーナーの悩みですが、フードカーの場合は営業許可を取得した都道府県で地道にイベントを開拓していきましょう。

イベント情報を知る方法は、①自分で調べる、②主催者や同業者仲間からのお誘いのどちらかでしょう。営業年数が長くなれば②が増えますが、開業当初は①で、あらゆる機会にアンテナを張るしかありません。

各種イベントへの移動販売出店については、さまざまなイベント企画会社が運営・管理しています。企画会社への問合せ、申込みをして、出店審査を受けます。

◆販売できる数量に合わせた出店先選び

クルマの大きさや設備によって、販売できる数量が決まってきます。大きなイベントになると、出店料は売上に応じた歩合ではなく、あらかじめ決まった額を支払います。要は、それに見合う売上をあげないと採算が取れないということです。

◆イベント企画会社による選考

1日の売上が10万円を超えるイベントは、移動販売車のキャンセル待ちが出る人気。イベントのイメージに合うクルマの外観やメニューへのこだわりも重要な選考ポイントだという声もあります。大規模なイベントは販売数量が多く、営業時間がとても長いので、出店審査の段階で、飲食業経験年数や過去に同様のイベントへの出店経験があるかどうかも問われます。出店が決まったら、開催地の都道府県の保健所で臨時営業許可証を取る必要があります。

◆毎年、毎回出店する

同じイベントに出店し続けると、主催者や同業者とのネットワークも広がります。毎年新しいイベントを開拓することで出店するイベントが増え、年間スケジュールが埋まっていきます。

移動販売車も出店するフェスティバル、マルシェの例

名称	場所	開催日	概要	ホームページ
青山ファーマーズマーケット	東京・青山、表参道	毎週土、日曜日	全国各地の農作物、加工品を農家が直接販売	http://farmersmarkets.jp/
太陽のマルシェ	東京・勝どき	毎月　第２土、日曜日	100 店舗が出店。農作物や加工品を販売	http://timealive.jp/
芦原橋アップマーケット	大阪・芦原橋	毎月第３日曜日	雑貨・アクセサリーのハンドメイド作家等が出店	http://reedjp.org/up/
軽トラ市	全国100 以上の地域で開催	週末（各所による）	商工会議所、商店街、自治体等が主催。新鮮野菜や地域の特産品、雑貨等を軽トラックに乗せて販売	「○○（都道府県）軽トラ市」で検索
デザインフェスタ	東京ビッグサイト	年に２回（春と秋）	ハンドメイド作品を集めた大規模イベント。アーティストによるワークショップも開催	https://designfesta.com/

08 「住宅展示場」「自動車ディーラー」のプレゼント

住宅メーカーのモデルハウスが建ち並ぶ「住宅展示場」や「自動車ディーラー」で行われるイベントの目的は、集客です。新聞折込みチラシ等に「アンケートに答えてもらう引換え券で、クレープをプレゼント！」と書かれていたら、「ちょっと行ってみよう」の動機づけになりますね。プレゼントは、クレープ、ピザ、たこ焼き、ホットドッグ、あげパン、ワッフル、肉巻きおにぎり、かき氷等の軽食です。

◆「買取り制」「売上保証つき販売」で売上確定

住宅展示場では、楽しいイベントや出演者を随時募集しているところもあります。イベント出店の申込書を置いている展示場もありますので、電話して確認してみましょう。申込み後、営業担当者からの連絡を待つことになります。またイベント企画会社が行っている場合は、企画会社への申込み・登録となります。企画会社には、「メニュー」「金額（○名分で○万円）」「交通費」「支払い条件」等の資料をメールで送付します。

「買取り制」は、展示場が決めた数量を購入し、来場者に「先着○名様　無料配布」とするケース（1個100円等の安価販売もあり）。「売上保証つき販売」は、来場客が商品を購入し、1日の売上保証（たとえば、100食5万円）に満たない金額を展示場が支払う方法です。それらの長所は、1日の売上が確定すること。100食の買取りをしてくれる場合、5万円超の売上が確定します。短所は、展示場への出店頻度が年に数回と限られ、次の日程も不確定ということです。

◆「メニュー」「実績」「登録」が選抜のポイント

イベントで提供したくなるようなメニューで、過去の出店場所や実績があると選ばれやすいでしょう。

イベントは同じ時期に集中、企画側には「その販売車を呼びたいけれど、他イベントと重なって出られない」という悩みも。そこで、事前に登録している別の車に出店依頼します。なお、支払いのタイミングは「月末締め、翌月払い」等の後払いが多くなります。

住宅展示場への出店形式

買い取り制

展示場側が、決まった数量（50 ～ 100 食）を購入。
来場者には「先着〇名様　無料配布」。

事前に契約した金額で定額。

100 食　5 万円　＋　交通費　数千円

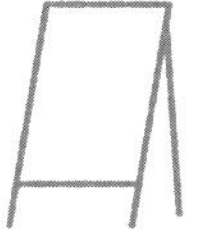

売上保証つき販売

来場者は商品を購入。展示場側とあらかじめ決めた（50 ～ 100 食）に満たない分を展示場側が補う形式。

事前に契約した金額で定額。

例　実際に 80 食売れた場合、残りの 20 食分を展示場側が支払い。交通費は別途。

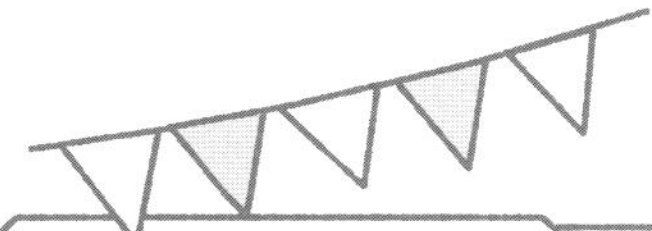

通常販売

住宅展示場で開催されるイベントに、1 店舗として出店。来場者が、通常料金で購入する形式。

売上金額は未定。交通費支給はイベントにより異なる。

スーパーマーケットの横でランチや軽食を売る

スーパーマーケットには駐車場があり、敷地が広いので、移動販売車が出店できる場合が多いでしょう。どのようなクルマが出店できるかは、スーパーの客層によります。子供連れや中高生が放課後に買い物に来るような立地ではたこ焼きやドーナツ、クレープ等のおやつ的な軽食。惣菜を求める人が多い立地では焼き鳥、ピザ等すぐに食卓に出せるもの。一人暮らしの人が多い場所では、ワンコインのランチ弁当も売れるかもしれません。スーパーにはない、ちょっとだけ珍しい商品を高くない価格で提供できるかが鍵です。

出店するメリットは、スーパー自体が毎日営業しているので「毎週○曜日」と定期出店が見込めることです。リピート客も生まれやすく、売上予定が立てやすいでしょう。デメリットは、立地によって当たり外れがあること。客単価の高い場所を狙えればベストです。

あなたの商品テイストに合う場所を見つけるまで、トライアンドエラーとなることでしょう。

◈「歩合制」

スーパー各社によって、移動販売車オーナーとの取引の仕方に差があります。根気強く、スーパーの本社に問い合わせる必要があります。

大手企業のスーパーマーケットや量販店でも、移動販売オーナー側は法人形態だけでなく、個人事業主のオーナーさんも多く出店されています。出店する際には、各スーパーと契約している仲介業者と契約する場合も多いようです。

出店料は、基本的に「歩合制」。たとえば、売上の約15%を出店料として支払います。出店料の支払いは、大手企業との取引。まずスーパー出店先（○○店）にその日の売上金すべてを渡し、出店料を差し引かれた金額が後日振り込まれます。スーパーの店長さんからすると、「売れる商品」を取り扱いたいもの。やっぱり店の売上に貢献するかどうか、が長続きする出店の秘訣だそうです。

10 選択と集中型で「地域密着型」というスタイル

広い範囲に移動できる「クルマで営業」という形態ですが、あえて地域密着型を選ぶ人も一定数います。出店場所を自宅から30分くらいの距離に限定することで、地元の人脈ができる上に、移動時間やガソリン代も節約できます。移動時間が短ければ、プライベートの時間を増やし、家庭との両立も可能になるでしょう。

週5回の出店のうち、4回は地域密着型で1人で営業。月に1回は、移動時間が長い遠くのイベントに参加するなどして調整。大きなイベントやマルシェに参加することで、さまざまな職種の人と交流を図って刺激を受けられますし、大変な日々の中にもリフレッシュできます。地域密着型でも出店日が多い店には、次のような特徴があります。

①自宅から近い場所で、出店場所を自分で探して交渉(例えば、近隣の複数のスーパーマーケット)
②派遣斡旋をしてくれる業者に登録
③同業者やイベント企画の知り合いを増やし、年に数回のイベント出店を積み重ねる
④週末は、毎週スポーツ大会やイベント、お祭りが開かれる会場に出店
⑤子供に好かれるスイーツ系が多い

◆「出店依頼をお待ちしています」と連絡先を明記

例えば、出店日の9割を「○○区」のイベント、または「○○市」と隣の市のスーパーや量販店に限定させるという選択と集中型。直線距離なら、自宅から半径○○キロ以内。地域限定とすることで、お店の存在を知ってもらい、地域のイベントにも呼んでもらえます。「出店依頼をお待ちしています」とHPやSNSに愚直に書き続けているお店は、やはり出店日も多くなるようです。

また、地域の人脈づくりと信頼確保のために、「商工会」や「商店街連合会」に加入する人もいます。地域イベントへの出店依頼がくる等、活動の機会が増えるでしょう。

地域密着型というスタイル

月 休み
火 ショッピングセンター
水 スーパー **B**
木 スーパー **A**
金 スーパー **D**
土 イベントやスーパー **C**
日 休み

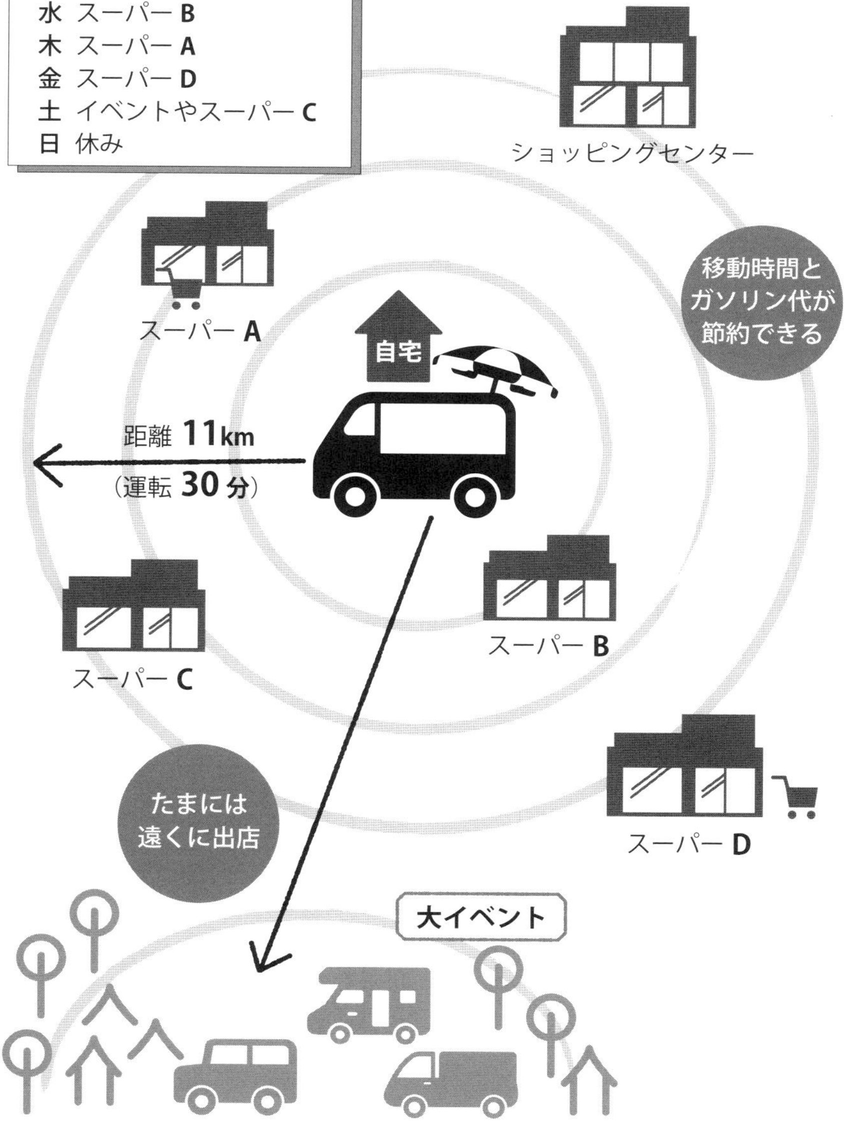

ショッピングセンター

スーパー **A**

自宅

移動時間とガソリン代が節約できる

距離 **11km**
（運転 **30分**）

スーパー **B**

スーパー **C**

スーパー **D**

たまには遠くに出店

大イベント

仲間を作って複数台で出店する

◆「にぎわい」を集客力に

移動店舗は、数台のクルマが同じ場所に停まっているほうが、集客力があります。1台だけだと通り過ぎてしまう場面でも、2、3台以上クルマがあれば「おもしろい場所だなあ」と目を引くことができるのです。

私有地の駐車場やショッピングセンターでは数台まとまって出店できるように、移動店舗仲間に声をかけたり、持ち主への交渉をしてみましょう。

例えば、1万人が集まるコンサート会場では多出店も可、逆にスーパーや駅前では数店、または1店舗単独出店が適当な場合もあるでしょう。

◆補完関係になる仲間を探そう

1カ所に数台の移動店舗が出店する場合、それぞれの個性がバラバラのほうが効果的です。

例えば、ランチ屋さんとコーヒーショップ、コーヒーショップと雑貨屋は補完関係にあり、相乗効果が生まれます。ランチ屋がコーヒーも売るのは効率も悪く、メリットも少ないのです。2店以上が集まることのメリットがありますので、パートナーシップを組む店舗を選んでトライしてみてください。

◆ライバルであり、仲間でもあり

移動店舗をやっている人たちは、お互いに仲間意識も芽生えるものです。週の半分は独自で出店場所を開拓して営業、残りの半分は他の移動店舗と協力して、何店か一緒に同じ場所で営業できるところを探してみましょう。

売上が伸び悩んで辛い思いをする時期もあるでしょうし、基本的に1人で運営していると、同じ仕事をする人と話をしてみたくなるものです。おしゃべりをして気分転換もできるので、週に何日かは移動店舗が多い出店場所を選ぶといいと思います。また、気の合うオーナーと誘い合って、週1回は同じ場所に一緒に出店することもモチベーション維持に役立ちます。

仲　間

12 出店場所の変更は常につきまとうもの

◆期間限定出店も多い

移動店舗は場所の変更ができると同時に、出店場所の事情によって短期間で移動しなければならないことも多々あります。ショッピングセンターやスーパーでは、期間限定の出店も多くなっています。

ショッピングセンターが移動店舗に場所を貸す理由は、売上の向上と楽しさ（イベント性）の演出です。出店させる前提として、食中毒を出さないための衛生面の管理がしっかりしていること、お客様からの苦情が来ないことも重要視されます。

それらが守れない場合、出店期間もおのずと短くなります。また、出店に適する店かどうか、様子見として短期間だけ出店許可が出る場合もあるでしょう。

催事として、1カ月などの出店もあります。

◆土地勘を養うマーケティングの必要性

多くの移動販売のオーナーが、これまでに幾度となく出店場所の変更を経験しています。また依頼により、

新天地へ出店する機会が多いのもこの商売の特徴。移動販売は、実際に出店してみなければ「どのようなお客様がいるか」はわかりません。「土地勘」のある場所で勝負するのが一番手堅いようです。何度も車で通ったり、現地を歩き続けることで、土地勘は養われます。徒歩3分圏内を調査して、客層を調べましょう。販売力より「売れる場所を探す力」が勝るという助言もあります。

◆駐車場オーナーの都合による立ち退き依頼

駐車場を借りて店舗を運営している場合には、駐車場のオーナーとのコミュニケーションも大切です。また、駐車場オーナーの都合により、長年借りていたスペースを商売用に借り続けることができなくなることもあります。

移動販売を開業する場合、常に場所を移動しなければならないということを肝に銘じておきましょう。

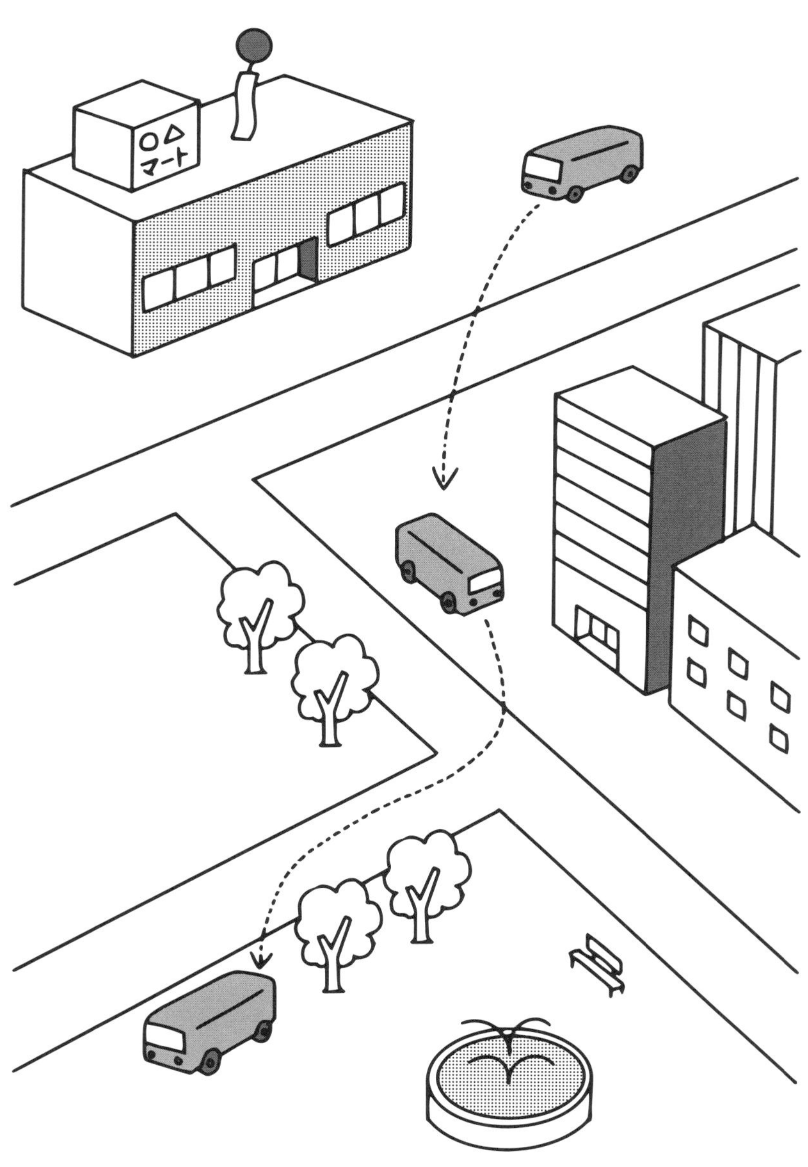
○△
マート

13 デリバリー（宅配）とケータリング

移動販売車を使って、「宅配」「ケータリング」のサービスをすることもできます。インターネットの発達で宅配方式も進化し、ニューヨークでは、実店舗を持たないデリバリー中心の飲食店も増えているそうです。出店しない日や夕方から夜間に出前サービスを行えば、厨房の有効活用もでき、売上高を伸ばすことができます。配達するお弁当の数やケータリング規模にもよりますが、何人かスタッフが必要になります。

◆ロケ弁のケータリング

テレビドラマや映画、CMの撮影は長丁場で、食事時間は早朝だったり深夜だったりするのでケータリングサービスは重宝されます。フードカーの長所は、指定された時刻にできたての食事や飲み物を提供できること。たとえば、50食分で○万円（金額は内容による）、という注文を受けたりします。

◆Uber EATs（ウーバーイーツ）

米Uber社の「Uber EATs」や「出前館」等、食事の宅配をスマートフォンで注文できるアプリに登録している方もいます。好きな時間に、好きな食事を取りたいというニーズに合わせ、営業日に注文を待ちます。

◆ケータリングサービス

会社で行うパーティーやホームパーティーで、料理のケータリングを活用することも増えました。ケータリング業者も多く競争は激しいのですが、移動店舗は多くの人に自慢の料理を振る舞う強みを生かして、お店のファンからの注文を受けることもできます。ケータリングの場合は、料理のおいしさだけではなく主催者に恥をかかせないスムーズな運営をしなければならないので経験も必要です。

◆お弁当の配達、ケータリングのメニュー表を開示

宅配、ケータリング用のメニューと写真、申込み方法（金額プランを含む）、何日前までに注文が必要かなどの情報を含む）、ケータリング作業の流れを詳しく記載した専用ページを作りましょう。

社内パーティ
なんだ。
待ってたよ。

7章

開業するまで・開業してからのお金の話

売上高を予想し、目標を立てる

◆季節、天候による売上変動があることを前提に

移動店舗の特徴は「天気、出店地域の環境によって、売上高に大きな差が出る」こと。それを踏まえた上で売上高を予測する必要があります。売上高をあらかじめ予測することは簡単ではありませんが、左ページに数字を入れて電卓をたたいて目標売上高を考えてみましょう。

年間売上高を予測する際には「①1日の目標売上高」「②月ごとの目標売上高」の順に算出します。

◆1日の売上はいくらになりそうか

さて、手順①の「1日の目標売上高」を計算するには次の観点から考えます。「平日（月曜から金曜まで）」「祝日、土日曜」をそれぞれ算出します。

1日の売上高＝（想定）平均単価×客数

◆月ごとの売上を算出

地域によっても違いますが、季節にともなって売上は変動します。天気や気温によって売上高にかなりの違いが出ますから、月ごとに同じ金額を売上目標にするのではなく、月別の数字を計算します。開業した後は、前年度の数字の推移を参考にするとよいでしょう。例えば、東京での出店の場合は、次のような季節分けで考えてみます。

売上がよい　暖かい時期（3月後半～5月末、9月中旬～11月上旬）

売上が芳しくない可能性が高い　雨の多い時期（6月～7月上旬）、（オフィス街では）夏休み、暑い時期（7月下旬～9月上旬）、寒い時期（11月～3月上旬）

◆12カ月の売上を合計して、1カ月の平均を算出

売上が高い時期にはそれが永遠に続くと思いたいところですが、現実はそうではなくバラツキが出ます。月によって売上が前後することを前提に、1カ月の平均売上を予測して、1カ月の給与はどれくらいにできるのかを考えます。それによって、生活スタイルを見直す必要が出てくるかもしれません。

売上高の目標試算

平日	休日	1カ月の目標売上高
平均単価　　円	平均単価　　円	平日の売上高　　円
×	×	＋
客数　　人	客数　　人	休日の売上高　　円
＝	＝	＝
1日の目標売上高　　円	1日の目標売上高　　円	1カ月の目標売上高　　円
×	×	
平日の数／月　　日	休日の数／月　　日	
＝	＝	
平日の目標売上高合計／月　　円	休日の目標売上高合計／月　　円	

客単価をいくらに設定するか？

移動店舗では、客単価は初めからある程度決まっています。たまたま目についただけのお店に対して心理的に払える金額には上限があるからです。お客様が長時間滞在する固定店舗なら、高級感を出して客単価を高く設定したり、料理や飲み物を何品も頼んでもらうような商品設定もできます。しかし、移動店舗は、固定店舗とは根本的な役割が違います。お客様は移動店舗に、お祭りの屋台のようなワクワク感やすぐに食べられる臨場感を求めているのです。おのずと、客単価は、お札を出せばおつりがくる価格になります。

◆周辺の物価を調査しよう

客単価は地域によってかなり違いますので、出店する場所の客層の日頃の行動を観察しましょう。具体的な商品価格は、出店場所のまわりの価格状況を確認して決めます。出店場所の周辺、半径500メートルで次のことを調べてください。

まわりの人気店の値段はいくらですか。移動店舗は、その価格より安く設定します。

近くのスーパーマーケットの価格　あなたが売りたいものと同じような商品（弁当屋であれば、弁当や惣菜）の価格はどれくらいですか。出店地付近の企業に勤める従業員や近隣に住む人は、どんな商品を購入していて、1食の総額はいくらですか。

近くに出店している移動店舗の価格　特によく売れている商品の価格はいくらでしょうか。

◆商品単価は800円以内

飲食業の客単価は、次のように設定します。

コンビニ価格＜移動店舗価格＜周辺飲食店の価格

例えば、周辺のお客様がコンビニで買う昼食代が400円、周辺の人気飲食店のランチが800円の場合、その中間の400円以上800円以下の価格帯に設定します。

洋服や施術サービスの場合は、3000円台の価格帯なら購入しやすいでしょう。

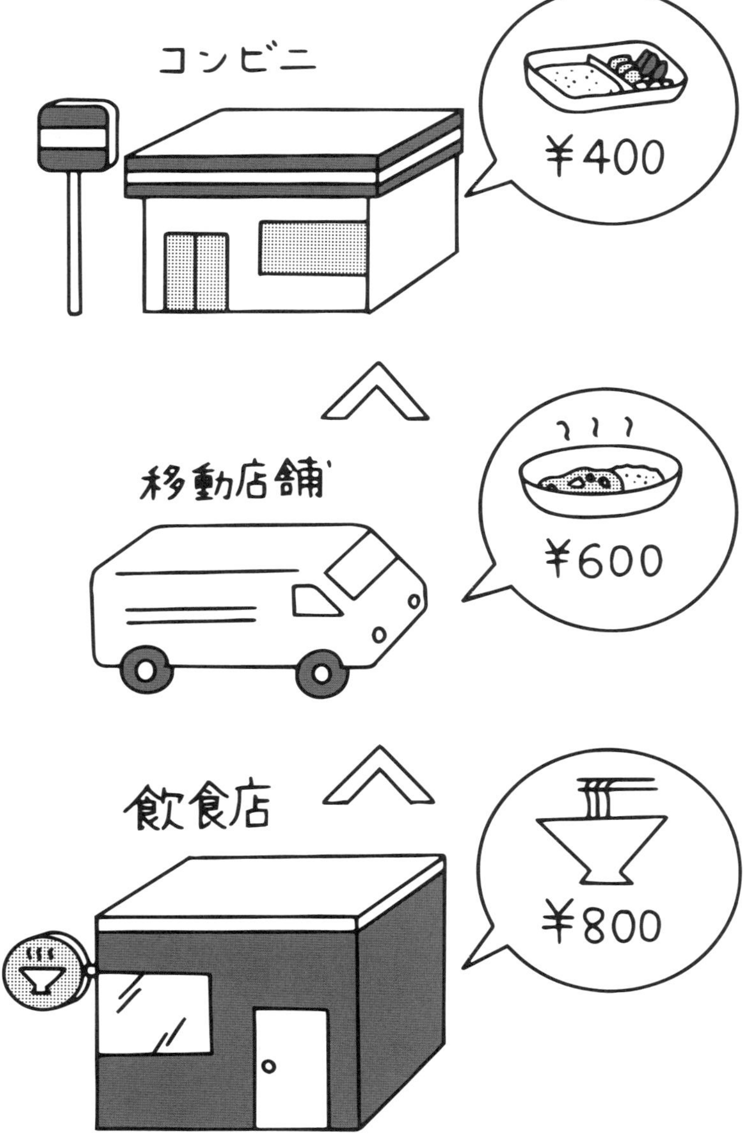

コンビニ

¥400

移動店舗

¥600

飲食店

¥800

03 フードカーの魅力的で管理しやすい価格設定

◆価格は3パターン以内に設定

価格には「わかりやすさ」も大事です。店員が多くいてレジ台にメニューと価格を登録している固定店舗とは、価格設定の仕方がまったく違います。わかりやすい価格をつければ、お客様に価格を聞き返されることも減りますし、自分自身も覚えやすいからです。価格パターンを3種類以内に設定するといいでしょう。

〈あまりよくない価格設定例〉

コーヒー　２１０円、カフェオレ　２６０円、カフェショコラ　３３０円、紅茶　２２０円、ココア　３００円。

料金体系が細かすぎて、覚えられず、おつりを渡すのにも時間がかかりそうです。

〈作業しやすい価格設定例〉

コーヒー　２００円、カフェオレ　２５０円、カフェショコラ　３５０円、紅茶　２００円、ココア　３５０円。

価格帯をキリのいい２００円、２５０円、３５０円に設定したことでとてもわかりやすくなりました。

◆おつりは、50円玉、100円玉、500円玉が理想

おつりの手渡しは、渡すほうも受け取って確かめるほうもなかなか時間のかかるもの。おつりの金額がシンプルになるように価格設定するといいでしょう。

ランチ向けの丼メニューの例を見てみましょう。

〈あまりよくない価格設定例〉

Aランチ　６３０円、Bランチ　７３０円、

Cランチ　８１０円

〈作業しやすい価格設定例〉

Aランチ　６５０円、Bランチ　７５０円、

Cランチ　８００円

もちろん価格はキリのよさだけでなく、材料費やガソリン代、場所代などの経費や利益や売上予測を考えて設定しなければなりません。移動店舗で提供するものはファーストフードの色合いが強いので、価格帯を先に決めて、材料を工夫し、経費を削減する方法を考えるといいでしょう。

おすすめの価格設定とあまりよくない価格設定

価格帯が3パターン以内だと覚えやすい。

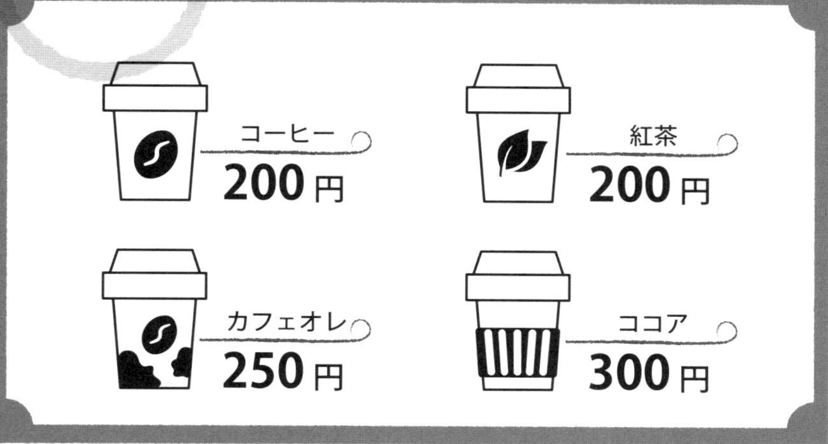

価格帯がバラついていると覚えにくい上、
おつりの額も複雑

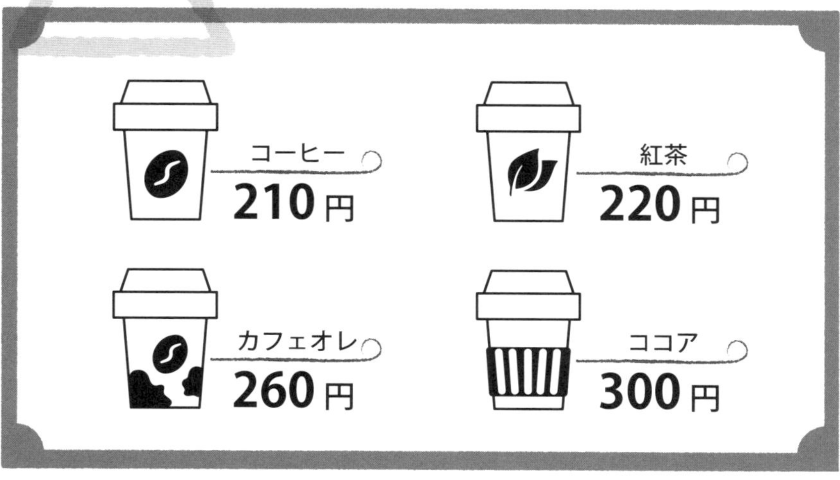

04

お金をかけずに始めよう

◆お金をかけない開業のコツ

開業は、できる限り少ない資金で行いたいものです。どのように必要資金を節約するのか、次の項目に注意を払いながら必要資金を検討してください。

①中古品を使う

新品を使わなくても、中古品で状態のよいものはたくさんあります。販売をやめた移動販売車を買い取れば、事業に必要な装置ごと一緒に買うこともできます。車本体、厨房設備、キッチン用品、陳列棚などは中古品を活用できます。

②友人と一緒に手作りする

業者に頼むことを極力少なくして、自分でできることは自分でするようにしましょう。詳細は、124ページをご参照ください。

③無料で使えるものを利用する

例えば、ホームページやブログ、SNSは、初めは無料サイトを活用してもいいでしょう。

④できることから、少しずつ始める

移動店舗を開業する際には、一度に仕組みを整える必要はありません。

・移動店舗でのアルバイト経験で感覚をつかむ
・試作品がおいしければ少量だけ販売してみる
・1日だけ試し出店をしてみる
・将来的には調理パフォーマンスを取り入れたいが、まずは厨房キッチンで作ったものを車で温めて売るなど、徐々に始めていけばいいのです。

⑤なくてもいいものは開業時に買わない

なくても開業できる設備や備品は、初めは無理して買わないようにしましょう。

借入れなどをして資金に余裕がある場合はつい、何から何までそろえてしまいがちです。「あれば便利」という程度のものは、開業後に出た利益でそろえるようにしましょう。

中古品を使う

友人と一緒に
手作り

○△CURRY

無料で使える
ものを利用

05 車にかかる費用

◆「中古車」を、自分で改造しよう

開業費の中で、一番お金がかかるのが「車」の費用です。車という店舗をつくるために、車の「購入費」「外装費」「内装費」が必要になります。

車は、できる限り安くてきれいな中古車を探しましょう。目安は50万円以下のものです。資金が潤沢にあっても、経営が安定するまでの運営資金に残しておきましょう。インターネット検索で中古車販売場を何件も見て、できる限り条件がよいものを見つけます。

外装や内装も、手作りできる部分をなるべく自分でやってみましょう。通常、開業の数カ月前から準備を始めるので、店舗作りにも時間を割くことができます。初めから業者に頼むのではなく、友人の協力を得ながら、自分で工夫してみましょう。外装は業者に頼んで、内装は手作りという方法もあります（詳しくは6章）。

◆20数万円で開業した例も

玄米にスープと日替わりの野菜をどっさりのせた「ぽた〜じゅライス」を販売する「ぽた〜じゅ屋」の店主、大嶋敦志さんは、中古の移動販売車をツイッターで見つけて12万円で購入しました。もともとクレープ屋さんだったクルマで、厨房設備は備わっていました。外装には手を掛けず、そのまま使用中。「内外装にコストをかけないで、集客のための宣伝道具にだけ工夫して手間をかければいい、お客様が喜んで通ってくれる環境さえあればいいと思いました」。

なんと調理機器も「新品で買ったものは1つもありません」。メルカリやジモティ等のフリマサイトで中古品を安く購入したり、譲り受けたり。カセットコンロ、冷蔵庫、業務用炊飯器2台（1台1〜2万円）、料理を保温する家庭用炊飯器（3000〜4000円）、スープを入れた鍋3つは1つずつ集めたので、蓋もすべてサイズが違います。

その結果、クルマの購入費を含めた開業資金はわずか20数万円でした。

車にかかる費用

項目		内容
車両取得費		車の購入費
外装（改造）費		・車の店舗部分を作る改造費 ・車の塗装代 ・（テントをはる場合）テント代
内装費		・作業台の作成 ・陳列棚の作成 ・収納棚の作成
フードカーの場合		・シンク（水まわり）の設置 ・換気扇の設置 ・冷蔵・冷凍庫の設置 ・運転席との仕切り壁　など

＊どこまで手作りできるか、中古品を使えるかが小資金で始めるポイント

玄米にスープと日替わりの野菜をどっさりのせた「ぽた〜じゅライス」を販売する「ぽた〜じゅ屋」。1食で20～25品目摂ることができる。季節ごとに変わる常時3種類のスープを提供。「上のお野菜はそれぞれ味つけと調理法が違うので、全体をゆるやかに混ぜながら食べると、変化していく味を楽しめます」。

06 開業資金を計算しよう！

◆開業資金は、半年前から計算しておこう

開業資金は、車を購入して改造するところから始めると、中古車を購入した場合でも数十万円はかかります。開業に必要な資金はいくらなのか、半年前から試算して計画し、それに合わせて資金を貯めたり借入れ計画を立てたりしましょう。

よくあるのは、「最低限の見積もりをして、想像以上に経費がふくらみ、資金が足りなくなる」こと。準備中に欲しいものが増えがちなので、開業資金はやや多めに見積もるくらいでいいでしょう。

◆開業にかかる経費

①店舗となる車の購入、内装工事費

・店舗となる車（ワゴン車、軽トラックなど）
・内装工事費（車の内装代）
・外装費

②商品、食材の仕入れ

・開店時の商品や食材の仕入れ、ケース類など

③【フードカーの場合】店舗（車）の調理設備など

・冷蔵・冷凍設備（冷蔵庫、冷凍庫）
・厨房セット（換気扇、シンク、オーブン、ガスコンロ、調理台、業務用炊飯器、焼き窯、調理器具など）

④【フードカーの場合】厨房キッチンの設備

・厨房キッチンの内外装工事、電気ガス水道工事
・換気扇、シンク、ガスコンロ、オーブン、冷蔵庫、冷凍庫、調理台、調理器具など

⑤宣伝道具

・看板、メニュー、のぼり旗、パラソル
・ホームページ、宣伝チラシの制作（自作でもＯＫ）

⑥パソコン関係、インターネット接続

・パソコン、ソフトウェア（ホームページ作成、経理など）、プリンター、スキャナーなど
・インターネット接続のプロバイダ初期設定費など

⑦通信機器（携帯電話など）

⑧【フードカーの場合】自動車営業許可申請料

開業資金を計算しよう

項目	金額
店舗となる車の購入、内外装工事費	
店舗となる車	
内装工事費	
外装費	
〈計〉	
店舗（車）の調理設備	
換気扇、シンクなど	
冷蔵庫、冷凍庫	
厨房セット	
調理器具	
〈計〉	
厨房キッチンの設置	
厨房キッチンの内外装工事、電気・ガス・水道工事	
換気扇、シンク、冷蔵庫、冷凍庫、ガス台、調理器具等	
〈計〉	
宣伝道具	
看板、メニュー、のぼり旗、パラソル	
ホームページの制作	
宣伝チラシの制作	
〈計〉	
商品の仕入れ	
開店時の商品、食材の仕入れ	
梱包材、袋	
〈計〉	
パソコン、インターネット関連	
パソコン	
ソフトウェア	
パソコンの周辺機器（プリンターなど）	
インターネットプロバイダ初期設定費	
〈計〉	
通信機器	
携帯電話	
〈計〉	
【フードカーの場合】保健所での営業許可	
営業許可（自動車営業）申請料	
〈計〉	
開業にかかる経費　**合計**	

07

毎月かかる運転資金を計算してみよう

◆毎月かかる運転資金とは？

移動販売を続けるために毎月かかる経費（運転資金）を開業前から予測しておきましょう。運転資金を少なくすることが店舗を長く継続するための重要ポイントです。

1カ月の運転資金を、左ページの表に当てはめて試算してみましょう。1年分を一括で支払う場合も、12カ月で除して1カ月で換算します。

①食材、ケースなどの仕入れ、水道光熱費

・食材（単価の30～40％くらいが一般的）
・ケース類（お弁当ケース、紙コップとふた、フォーク・スプーン、割り箸、ビニール袋など）
・水道光熱費（水、電気、ガス燃料代）

②出店場所の代金

・駐車場を借りて出店→駐車場代
・ショッピングセンターや屋台村に出店→出店料
・イベントに出店→出店料、売上高の何％の支払い
・フランチャイズ加盟　売上に応じたロイヤルティ

③移動店舗（車）の維持

・駐車場　賃料（夜間、車を駐車しておく駐車場）
・車検代、自動車保険料（1カ月分に換算）

④厨房キッチンの賃料

・厨房キッチン、事務所　賃料、管理費、共益費
・水道光熱費（水道、電気、ガス代）

⑤電話など、通信機器

・携帯電話など（基本使用料＋通話料）
・インターネットプロバイダ月額使用料

⑥宣伝広告費

・ホームページ制作（毎月の管理を外注した場合）
・宣伝チラシ、パンフレットの制作など

⑦備品、消耗品の購入

⑧スタッフの人件費（アルバイトを雇う場合）

⑨各種社会保険料、税金

⑩あなた（オーナー）の給与

毎月かかる運転資金を計算しよう

項目	金額
【物販の場合】	
商品の仕入れ	
毎月の商品仕入れ	
梱包材、袋など	
【フードカーの場合】	
食材、ケースなどの仕入れ、水道光熱費	
毎月の食材仕入れ	
ケース（弁当ケース）、フォーク、割り箸など	
水道光熱費（水、電気、ガス燃料代）	
厨房キッチンの賃料	
厨房キッチン、事務所賃料	
上記の管理費・共益費	
水道光熱費（水道、電気、ガス代）	
【すべての業種に共通】	
出店場所の代金	
出店場所賃料（イベント、屋台村、駐車場など）	
移動店舗（車）の維持費	
駐車場代（出店していないとき）	
車検代（1カ月分に換算）	
自動車保険料（1カ月分に換算）	
旅費交通費	
ガソリン代	
電話など、通信機器	
携帯電話など（基本使用料＋通話料）	
インターネットプロバイダ月額使用料	
宣伝広告費	
ホームページ制作（毎月の管理を外注した場合）	
宣伝チラシ、DM、パンフレットの制作など	
備品、消耗品の購入	
プリンター、FAX 用品	
事務用品（領収書用紙、ペンなど）	
その他	
スタッフの人件費（オーナーは除く）	
アルバイト人件費	
アルバイトの交通費	
税金	
所得税（年間所得に応じて計算）	
オーナー（あなた）への給与	
給与	
1カ月の運転資金 合計	

08

半年分の生活費を貯めよう!

◆独立初期を乗り切るには貯金が必要

「さあ、移動販売を始めるぞ!」と決意しても、安定した集客ができるようになるまでは時間がかかります。移動販売を始める前に「半年間は収入が少なくても生活ができるだけの貯金」をしておきましょう。アルバイトをしながら独立初期を乗り切ることもできますが、事業に集中して取り組むには、貯金を切り崩しながら生活することになります。

◆特に初めの数カ月は収入が少ないかもしれない

移動販売に限らず、起業した場合には、最初の半年は思うような売上をあげられないかもしれません。現在、移動販売ビジネスをしている方も、初めの半年くらいは季節変動や失敗の連続で、思うように収入を得られなかったという人が多いのです。

どんな商売でも同じですが、事業のコツをつかむまでには時間もかかります。特に、開業当初の試行錯誤の時期には、当然収入も少なくなるのです。起業家はそんな時期を必ず経験するのです。

◆あなたの半年分の生活費はいくらですか?

生活事情によって、万が一、半年間無収入でも生活できるだけの資金額にはそれぞれ違いがあるでしょう。家族が何人いるのか、家族に他の収入があるのか、1人暮らしなのか、実家で生活しているのか。

起業するのが数年後という場合も、生活費を計算して早めに起業のための資金を貯めておきましょう。

◆最低限、必要な月収も計算しよう

開業までに、半年分の生活費を集められなかった場合でも、最低限、1カ月にどのくらいの資金が必要なのかを知っておくことは重要です。後述しますが、生活費だけではなく、毎月の運転資金も必要ですし、車購入、改造費のローンが残っているかもしれません。

開業資金がいくらかかるかについては、前項で算出しました。それを参考にしながら、開業前に準備しておいたほうが心強い資金額を算出してみてください。

開業資金と半年分の生活費は開業前に貯めておくと心強い！

生活費

あなた（または、世帯家族）の１カ月の生活費は、いくらですか？

（　　　　　　　　　　　　）万円／月

つまり、
あなた（または、世帯家族）の半年分の生活費は、いくらですか？

（　　　　　　　　　　　　）万円／半年

開業資金

開業資金は、いくらですか？

（　　　　　　　　　　　　）万円

＊180ページを参考にしてください。

半年間の生活資金＋開業資金

合計（　　　　　　　　　　　　）万円

在庫は増やさないこと、作りすぎないこと

◆在庫は持ちすぎない

フードカーの場合、商品は、日持ちのするものというよりは、その日に（またはその場で）すぐに食べてもらうものです。商品の作りすぎによって売れ残りが出ると、損をしたことになります。

どんな業種でも、在庫は持ちすぎないことが大切です。在庫とは、手元にある現金（キャッシュ）がモノに変わったものです。家に何年も前からある缶詰を考えればわかりやすいでしょう。余分な缶詰を買ったお金をそのまま現金で持っていれば何にでもすぐに使えますが、缶詰には食べるという用途しかありません。

適量を保存しておくことは有効ですが、買いだめしすぎても損をするだけです。保存のきく食材でも、在庫として持っておくのは適量だけ、を徹底してください。

「在庫を持ちすぎない」という概念は、キャッシュフロー管理の重要なポイントの1つです。

八百屋 car「tsutaebito（つたえびと）」の店主、佐野裕希さんは、経営を安定させるために「ロスを減らすこと」に気を配っています。クルマに並べた野菜をその日のうちに売り切るため、売れ残った商品の引き取り先を何件か見つけておくことが大切です。そこで佐野さんは、知り合いのお総菜屋さんに、野菜を原価に近い価格で引き取ってもらうそうです。

◆売り切れるぐらいの販売数量に

移動販売の場合、あまりよくばらずに「売り切れたから、閉店時間より早いけど今日は帰ります！」という姿勢のほうが長続きします。

販売個数は、次のような要素を考慮して検討します。

・出店場所の通行人（見込み客）の人数
・お客様の属性（性別、年齢層、来店の時間帯など）
・天候や地域の行事イベントなどの開催状況など

新しい場所に出店する際は、予測よりも少し多めに作り、どれくらい売れるのかを実験してみましょう。

在庫を
持ちすぎない

売れ残りを
引き取ってもらう

1年間の売上にはバイオリズムがある

毎月の売上は、一定ではありません。開業する前に、まずこのことをよく知っておく必要があります。

売上変動にはさまざまな要因があります。店側に原因があるだけならそれを改善すればよいのですが、移動販売の場合は外的な要因（季節、天候、気温、出店場所の都合など）が売上を大きく左右するのです。

◆1年間の気候を考慮して、商材を選ぶ

移動販売の売上が一番上がるのは「暖かい季節」。つまり春から初夏、秋がベストシーズンです。移動店舗で買った食べ物は基本的に外で食べることが多いため、地理的には年中暖かい地域が向いています。

クルマで売る商品は、出店場所の1年間の気候に対応できるものにしましょう。あまり売れない時期が確実に2カ月以上ある場合、営業が難しくなります。

例えば、アイスクリームを売る場合、1年中暖かい地域と寒い冬が3カ月も続く地域で売った場合、売上高に差が歴然と出るのはおわかりでしょう。一方、寒い冬が訪れる地域でも、アイスクリームの路面固定店はあります。暖房のきいた室内に飲食スペースがあることやコンビニやスーパーで製品を別売りすることで冬場の売上減をカバーする仕組みができあがっているからです。移動店舗は大型チェーン店とは違い小規模営業ですから、年間の外気温を考慮して商材を選ばねばなりません。

◆一番よい季節の売上を平均だと考えてはならない

移動販売に一番適した時期に開業した場合、好調な売上が1年間ずっと続くと思ってしまいがちです。気候と客数は必ず上下するものなので、よい時期を基準に年間予想売上高を計算すると、痛い目にあいます。

例えば、初夏によく売れるものは、逆に真冬には売上が激減します。これは、気候変動による必然的なこと。大切なのは、真夏と真冬に売上が激減することを想定した対策を立てることです。

商品を夏と冬で変更することもよいでしょう。

季節による売上の変動（例）

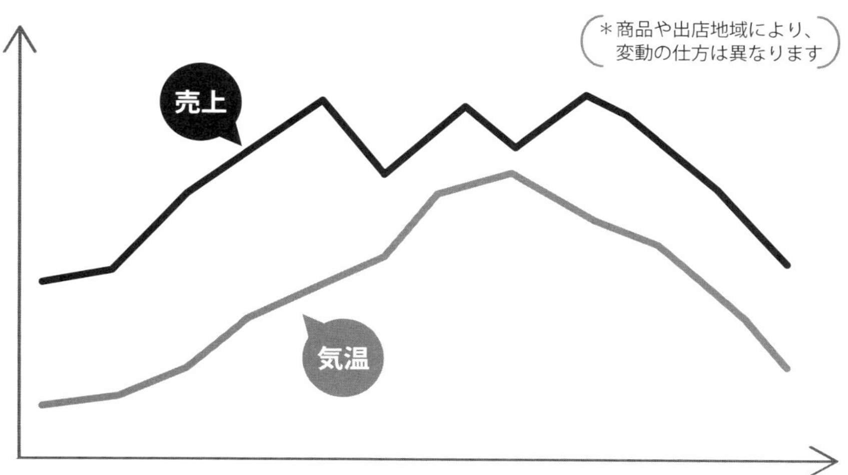

8章

通いたくなる店舗作り

01 お客様を呼び込む、魅力的な外見を作るポイント10

通いたくなる店には、外見的な要素も大変重要です。キーワードは「楽しさ」「エンターテインメントの提供」です。人気の店になるための外見的なポイントは、次の通りです

①クルマ自体がかわいい（形、色、出店時の装飾）

ディズニーランドが大人気の1つの理由は、その世界観が「かわいい、夢の世界」だから。クルマ自体にも魅力があるほうがいいのです。116ページを見て、どんなクルマにするかを考えてみてください。

②売っている商品、食べ物のイメージがわかりやすい

③看板がある

移動店舗の横には、メニューを書いた看板を置きましょう。「手書き」「カラフル」な看板があると、温かみが感じられます（詳しくは220ページ）。

④のぼり旗やパラソルがある

遠くからでも目立つのぼり旗を、いつも立てておきます（詳しくは220ページ）。

⑤店員のユニフォーム

店員のユニフォームも、お店の臨場感を出す要素です（詳しくは204ページ）。

⑥実演が見られる

お祭りの屋台で焼きそばを買うのが楽しい理由は、目の前で調理の過程を実演で見られるから。パック詰めになった商品だけ売っているのでは、スーパーマーケットでの買い物と変わりがありません。「屋台ならでは」の演出、つまり「実演」を強調することです（詳しくは208ページ）。

⑦楽しい音楽が流れている

人間の五感（見る、においをかぐ、味わう、商品を手に取る、聞く）を刺激するために「音の演出」を加えます（詳しくは198ページ）。

⑧店のまわりを、カフェのような店舗に見立てる

⑨クルマの外から、店員の顔がはっきりわかる

⑩行列を絶やさない

魅力的な外見をつくる10のポイント

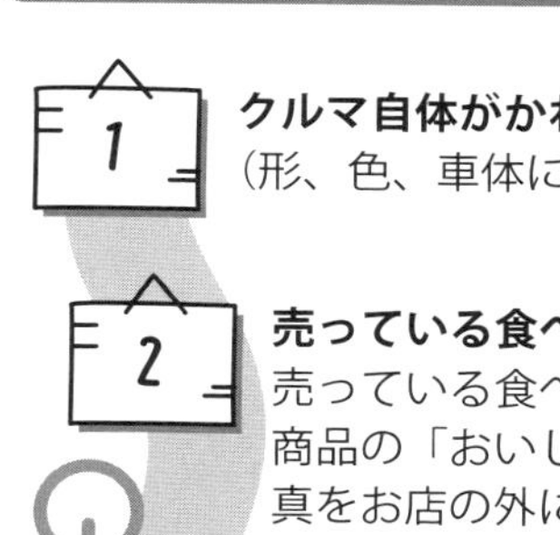

1 **クルマ自体がかわいい**
（形、色、車体に描くデザイン）

2 **売っている食べ物のイメージがわかりやすい**
売っている食べ物が何なのかはっきりわかるお店。提供する商品の「おいしい、できあがり」がわかるような、カラー写真をお店の外に貼っていること
（例えば、30センチ×20センチの拡大写真）。

3 **手書き、カラフルな看板がある**

4 **のぼり旗がある**

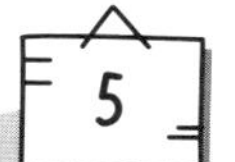

5 **店員が、ユニフォームを着ている**

6 **実演が見られる**

7 **楽しい音楽が流れている**

8 **店のまわりを、店舗に見立てる**
店のまわりに植物プランターを置くなど、「カフェ」のような雰囲気を出しましょう（詳しくは202ページ）。

9 **クルマの外から、店員の顔がはっきりわかる**
車の外からでも、どんな人が売っているのかがすぐにはっきりわかることが必要です。

10 **行列を絶やさないこと**
人が並んでいる店には、それにつられてさらに人が並ぶという相乗効果があります。行列を絶やさないようにした店が人気店になります。

地域で認知されるために、同じ曜日・時間に出店

◆地域で有名な店になろう！

移動店舗のお客様は、基本的にその出店場所の近くに勤務先や自宅がある人です。その地域の人に認知されないと、売上が伸びる人気のお店にはなりません。出店地域を固定して根気強く営業を継続することで、認知度と信頼度は上がります。

◆同じ曜日、時間に出店することで覚えてもらえる

「今日は、お店が来ているかな？」というお客様の期待を裏切らないことが、固定客がつく秘訣です。固定店舗と違い、移動店舗がそこに到着していない限り、その日の出店のことはお客様にはわかりません。わざわざ買いに来たのに店が開いていないと困りますし、決まった時間に開店しない店舗の日常的な利用（リピーター）は減ります。「週に1回以上、同じ曜日、いつも決まった時間、同じ場所に開店」することで、お客様に覚えてもらうことができます。

そして、開店時間より数時間前に、現地に到着しましょう。開店前から「今日は出店していますよ！」ということを、周辺の人に知らせていくのです。特にランチ時間の販売を主にする場合、ランチの開始時間は人によってさまざまなので、他の店舗よりも早く知らせることが先手必勝につながります。現地に着いたら、すぐに表に看板を出して「今日のメニュー」「何時から開店なのか」がわかるようにしておきましょう。

◆「店員の人柄」が地域に愛される

ネオ屋台村を運営する株式会社ワークストア・トウキョウドゥに10年続くオーナーの特徴を伺うと、「ひと言で言うと、お客様に愛される人柄。『移動販売は、実店舗以上に〝人〟に依存する』と、オーナーさんには伺っています。いいスタッフが1人抜けてしまうと、違うスタッフが入ってきて同じように売上が出せるとは限らない。同じクルマで同じメニューを出しても、スタッフが変わると帰ってしまうお客様もいます」。

週間出店スケジュール(例)

場所を移動する場合

月	火	水	木	金	土	日
○○公園前	□□町　オフィスビル前	スーパー△△駐車場	□□町　オフィスビル前	スーパー△△駐車場	イベントまたは休み	○○公園前

固定場所の場合

月	火	水	木	金	土	日
休み	←→ ○○店横　駐車場					

03 お客様の顔を覚えよう！

◆同じ場所には同じ店員、が基本

先述したように、人気店になるには「地域に住む、働くお客様をリピーターにすること」が鉄則です。リピーターの確保には「店員のコミュニケーション力」が不可欠です。

店員がお客様を覚えて、それぞれの人に応じたコミュニケーションができること。その第一歩は、店員がお客様の顔を覚えることです。そして、お客様が2回目に来店したときには「いつもありがとうございます」と言えることとです。

短期間で常連客を増やす店主は、お客様との会話を大切にしています。移動販売は活気を売る商売。手を動かしながら、笑顔で、会話はテンポよく。10年出店して常連ファンのいるある店主は、注文を聞いた後に慣れた手順で弁当を詰める間は無言。でも、弁当を手渡す時の「どうもありがとうございますっ！」が元気がよくて、商売人の意気込みを感じさせるのです。

◆常連さんに特別サービスをしよう

お客様の顔を覚えたら、次のようなことをしてみましょう。

①2回目に来店したときには「いつもありがとうございます」と笑顔で伝える

②常連さんとの会話を増やす（天気の話など日常的な軽い会話を交わす）

③前回とは違う「今日のおすすめ」を提案する

前回買ってくれたものまでは覚えていられない場合は「今日のおすすめ」メニューを日替わりで何か用意して、それをおすすめするのもよいでしょう。

④常連さんへの特別サービスをする

例えば、お茶や簡単なデザート（ガムやチョコレート）をサービスする。「いつもありがとうございます。サービスしておきますね」と言って感謝の気持ちをサービスで表す。常連ならではの「特典」を用意して、特別扱いしましょう。

いつも
ありがとう
ございます！
2回目
いい天気
ですね
常連さん
今日の
おすすめ
からあげ
弁当
600円
サービス
です
お茶

04 心地よいリズムの音楽をかけよう

◆音楽はスパイス

音楽を聴くことで人はリラックスしたり、楽しくなったりします。

お店にちょっと寄ってみようかなと迷っているときや長く並んだ順番を待つ最中に、軽快な楽しい音楽は心をなごませます。音楽はスパイス。加えなくてもいいけれど、そこにあればより店が活気づきます。店舗では音楽を流してお客様の五感を刺激して、楽しさを演出しましょう。

◆ラジカセ・コンポは車のまわりに置く

家庭用のラジカセや小さなコンポをコンセントにつなぎ、音楽を流しましょう。ラジオではなく、ＣＤの音楽を繰り返し流します。

車内ではなく、車の外につなぐことがポイント。車内で流してしまうと、お客様の注文が聞きにくくなります。まわりでお店を観察している人にも聴こえるように、居心地のよい空間を作りましょう。

◆明るい、ポップな曲を選ぼう

お店のまわりでかける音楽は、どんな音楽でもいいわけではありません。明るく、テンポの軽快な、誰にでも好かれる曲を流しましょう。スローバラードのようなゆっくりした音楽でも、ハードロックやヘビーメタルのような激しい音楽でもありません。あくまでも、道行く人に騒がしく思われない、軽快で楽しいポップな曲がベストです。「ビートルズのような曲」というとわかりやすいでしょうか。

タイ風バーベキュー専門店「STREET FARM KITCHEN」では、待ち時間に軽快な音楽が聞えてきます。「海外のネットラジオをスマートフォンからブルートゥースでコンパクトスピーカーに流しています。出店場所や客層によって音楽を変えたり、雨の日は気分が明るくなる曲など、気分によっていろいろな音楽を選んでいます」と、店主の妻・佐藤千寿江さん（実は、千寿江さんの本業はミュージシャンです）。

CREPE

視覚的な〝ごちゃごちゃ感〟を演出

◆あえて狭さを利用する

車内は狭いのですが、実はお客様にとって「狭い場所で営業している感じ」は魅力的。「視覚的な効果」を使って「ごちゃごちゃ感」を演出しましょう。移動店舗に清潔感は必要ですが、「さっぱりしすぎた、殺風景」はあまり好ましくありません。はやっているレストランやカフェの店内は、絵、天井画、多少暗い照明、カラフルなテーブルや数種類のイスなど、視覚的な「賑わい」を演出しています。移動店舗では、次のように視覚的なごちゃごちゃ感を作り出しましょう。

①白っぽい壁は、特に装飾したい

白い壁はとても清潔感があるのですが、移動店舗の場合はエンターテインメント性が薄れます。白い壁には、楽しい絵や布、おもちゃなどのアクセサリーを飾って、お客様の目を楽しませてあげましょう。

②壁に薄い色彩の布を貼る

お客様は待ち時間にずっと、店員の顔とその背景（車内）を見ながら過ごします。壁には楽しい絵や薄い色彩の布を貼りましょう。あなたのユニフォームともマッチする絵柄を選ぶことをお忘れなく。

③軽ワゴン車は、後ろのドアから顔を出す

窓の面積は車の側面を開ける場合より狭くなりますが、「狭い空間を覗く」というおもしろい感覚をお客様に提供することができます。車の側面のドアを開けて営業する場合は、窓の大きさは、縦60センチ、横125センチくらいが適当でしょう。

④広く見えすぎる空間は基本的にNG

視覚的にだだっ広い感じは、移動店舗にはふさわしくありません。空間が広すぎて寂しい感じがする場合は前述の方法で「ごちゃごちゃ感」を演出するか、調理器具などを高く積み上げるなどしてみましょう。

⑤おもちゃやアクセサリーをつるす

提供している商品にちなんだ、おもちゃやアクセサリーを店頭につるして、楽しい空間を作りましょう。

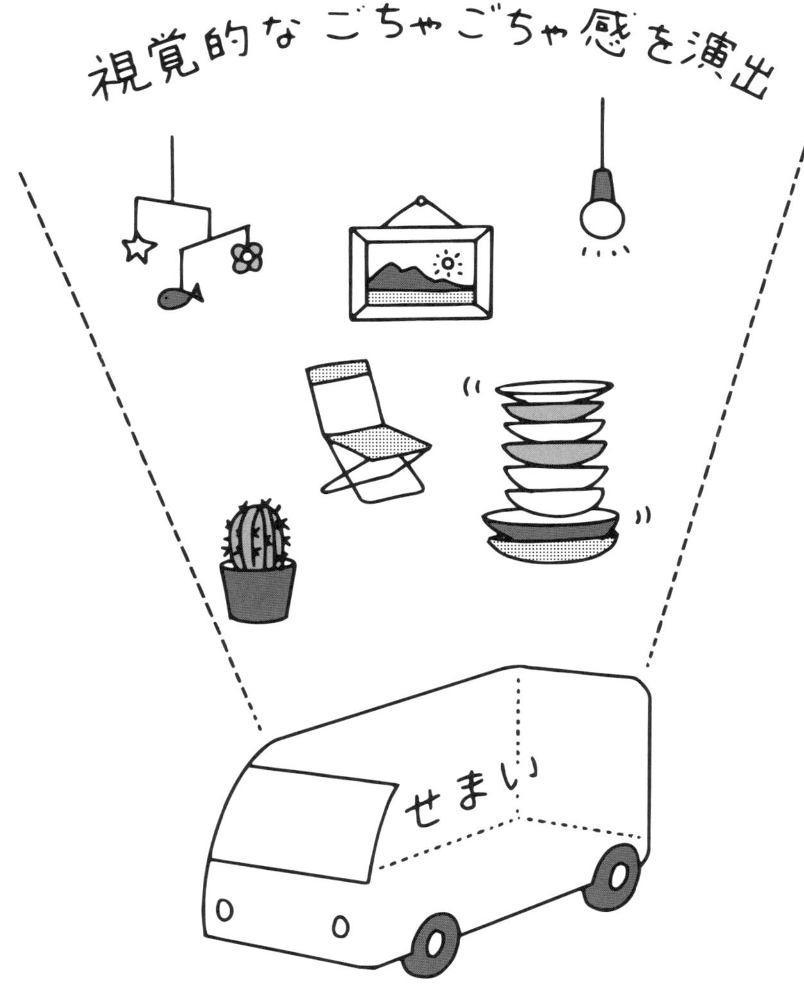
視覚的なごちゃごちゃ感を演出
せまい

06 楽しい空間を作り出すディスプレイ

駐車場などを1日中借りて営業する場合は、クルマだけでなくお店の周囲に飾りをして、その場の雰囲気をよくする工夫もできます。

繁華街など、周囲がすでににぎやかな場合はよいのですが、自店1店だけで駐車場でポツンと営業する場合、周囲が寂しくなりがちです。お客様は楽しい場所に集まってきますから、周囲を飾りつけて明るい雰囲気を作り出すのです。

◆「植物プラント」を置いて、癒しの空間作り

植木鉢に入った植物（グリーン）をクルマのまわりに置けば、もうそこは癒しの空間です。移動店舗なので、別に植物を置く必要はないのですが、実はこのような小さな心配りが人気を決めてしまうものです。植木鉢は割れにくいもの、植物はクルマでの移動にも耐えられるような丈夫なグリーンを選びましょう。

タイ風バーベキュー専門店「STREET FARM KITCHEN」は、カフェのようなかわいいディスプレイに目をひかれます。運転席の窓にスカーフをかけているる理由は、中が見えると現実的になってしまうから。「忙しく働いている方に、一瞬だけでも現実を忘れて楽しんでいただける時間になればいいなと思います。少しでも心朗らかになってもらえたらとお花も飾っています」。

◆「ゴミ箱」のデザインにも気を配る

移動店舗は、みずから「ゴミ箱」を持参しなければなりません。ゴミを回収しなければ、周囲から苦情が来てしまうからです。プラスチック容器や紙コップなどのゴミが出てしまう場合は、店舗の脇にゴミ箱を置きます。車のかわいいイメージを損なわないような、清潔感のあるポップな雰囲気のものを購入します。

◆棚や箱で雑貨店のようにディスプレイ

スペースがあれば、小型の棚を積み上げたり、箱を並べて商品を陳列。目につきやすい形や柄の雑貨や洋服に人が寄ってきます。

タイ風バーベキュー専門店「STREET FARM KITCHEN」の店頭ディスプレイ。

東京・自由が丘で見かけた移動販売の花屋さん。季節の生花、ドライフラワー、鉢花、多肉植物やハーブ等の苗物や花をモチーフにしたお菓子、ドリンクを販売中。店頭にフラワーリースや焼き菓子を１つずつ細やかにディスプレイ。

07 コスチュームは清潔にチャーミングに

◆第一に清潔感

飲食店には、清潔感がとても大切です。店員さんの服装でも清潔感を演出しましょう。服装がだらしなくないこと、汚い感じを見せないことが大切です。また、店舗に立って調理しているときは、特に髪が料理に入らないように「コック帽」「ハンチング帽」をかぶったり、「バンダナ」などを巻くようにします。

◆第二にカジュアル感のあるユニフォーム

移動店舗は人を楽しませるエンターテインメントの要素が強いので、服装もカジュアルに軽快にまとめたほうがいいでしょう。お店のユニフォームとして、「どんな印象のお店に見られたいか」を意識しながら洋服も選びます。お店のロゴマークをあしらったＴシャツなどを作ってもいいでしょう。Ｔシャツにロゴマークを入れることも安価でできます。

◆第三に明るい印象を与える色選び

この本の中には、「色彩」の話がよく出てきますが、移動店舗が人をひきつけて楽しませるエンターテインメントであるために視覚的な要素は欠かせません。「店員の魅力」は、商品の１つです。店員の太陽のような笑顔や明るい印象がとても大切。人気のある店舗は、すべてお店全体の印象が明るいものです。

店員さんの顔色を明るく見せる、似合う色は人それぞれにあります。

例えば、白のユニフォームは汚れやすいものの、どんな人の顔も明るく清潔に見せることができます。女優さんがテレビで白い服をよく着ていることからもおわかりでしょう。

自宅で鏡の前に立った印象ではなくて、店舗の中で店員がどのように見えるのかを考えながら、ユニフォーム選びをすることをおすすめします。

そして最後に、一番魅力的で大事なのは店員さんの明るい笑顔です。

コック帽や
ハンチング帽
清潔感
明るい
色の
Tシャツ
SOUP-YA
お店のロゴマーク

08 行列ができているときは待たせず、お客様が少ないときは待たせよう！

◆行列があるときは、作業速度を早めて待たせない

お店に行列があるときは、せっかくのお客様を逃さないために、作業をできるだけ早めて回転を早くします。反面、作業速度を速めることは簡単ではありません。特に、移動店舗を始めてすぐは、慣れないことだらけで、てんやわんやでしょう。そこで、次の2つの方法で「1名当たりの作業速度」を速めてください。

◆お客様を待たせない工夫

①1つの商品を渡すまでの作業工程や設備の配置、自分の座る位置を見直します。詳細は120ページ。

②自宅の駐車場で、移動店舗を開店してオペレーションの練習をします。家族や友人相手に、注文から商品を渡しおつりを払い、領収書を渡すまでの作業を訓練します。待ち時間が何分かかるか計測し、どの作業に時間がかかっているのかを検証して改善します。すべてのメニューについて、何日か繰り返して工夫します。

◆待ち時間を、楽しいワクワクする時間に

行列が増えれば増えるほど、お客様を少々待たせてしまうことは仕方がないこと。「行列待ち」の時間は、お客様にも楽しい時間として演出しましょう。可能なら行列ができる時間帯には、あなた以外に「行列誘導係」を1人置きます。2人目の店員については、46ページを参考にしてください。

◆お客様が少ないときは、少しゆっくり作業する

逆に、お客様が少ないときは作業を少しゆっくりして、行列を絶やさないようにします。「行列ができていれば、並んで買いたくなる」心理があるため、1人でも並んでいる状況を作れば、お客様がつられて増えるのです。お客様が1人、2人しか並んでいない場合、作業を少していねいに行い、待ってもらいましょう。自分の順番が来て商品ができあがるまで少々待っている時間は、そういやな気はしないもの。お店の前で待つ1人が、次のお客様を呼び寄せるのです。

行列ができたときの対応

1 先に注文を聞き、会計を済ませておく

▶注文を先に聞くことで、同じメニューを一度に複数調理することもできる
▶お客様が待ちつかれて列を離れることを防止できる

2 並び方のお願いをする

▶通行人や他の店の迷惑にならない場所に並んでもらう

3 メニュー表を渡して見ながら待ってもらう

▶車体が高いクルマを除いて、行列からはクルマに貼ったメニューが見えないので、メニュー表を渡すと有効
▶お店についてのユニークなエピソードやマスコミ掲載記事、サービス情報も盛り込む

平日にオフィスや大学のある街で創作イタリアンランチを販売する「ADVENTURES★PARTY」では、「学生証提示で50円引き」「ライス大盛り無料」という嬉しいサービスも。

09 あなたにしかできない工夫、パフォーマンスをする

◆その場で調理する、調理している場面を見せる

できたての温かい状態の商品を提供できるのは、コンロや電子レンジをクルマに持ち込んで調理できる移動店舗の強みです。調理している姿は、パフォーマンスそのもの。自分のために調理してくれている姿は、お客様にとってはうれしいものです。できあがりにソースをかける仕草など、調理パフォーマンスは、大げさなくらいがいいでしょう。また、調理している場面がお客様の立っている場所からちゃんと見えるように、クルマに積む設備の配置を考えてください。

◆パフォーマンスを強調した調理手順を取り入れる

調理のすべての過程をクルマの中で行うのは難しいので、移動店舗の中で実際に調理するのは1つのプロセスだけでOKです。それを、屋台ならではの楽しいパフォーマンスとして強調した調理手順にしてください。お客様の目の前でお肉を焼くことでも、ソースをかっこよくかけること、コーヒー豆をひく場面を見せることでもOKです。お客様が「ああ、屋台っておもしろいなあ」と思うような仕掛けを作るのです。このようなパフォーマンスは、手間と人件費がかかるので固定の飲食店でもなかなかできることではありません。移動店舗なら店舗スペースが狭いので、お客様には店内すべてが見えてしまいます。逆に言えば、コックが調理している場面を実演として見せることができるのです。狭い環境を逆手にとってエンターテインメントの場として活かすのです。

◆お客様の細かい要望に合わせる

お客様によって、素材の焼き時間を変えたり、トッピングの種類を増減させることができるのも、移動店舗ならではの長所。お客様の細かい要望には、できる限り対応します。どんぶりご飯の上にのせる具と一緒に汁を多く入れてほしいとか、ピーマンは入れないでほしい、カフェオレにはミルクの分量を多くしてほしい、といった個別の依頼に耳を傾けましょう。

タイ風バーベキュー専門店「STREET FARM KITCHEN」の車体は高いが、外からもグリル調理やカットしている様子がはっきり見え、臨場感がある。香ばしい香りと料理ができ上がっていく様子を眺めた後、ずっしりと重いランチボックスを受け取ると嬉しいものだ。

「Caffé del CIELO（カフェ デル シエロ）」では、目の前でコーヒーを淹れてくれる。オーナーの青木裕司さんの細やかな気遣いを感じながら、待つ時間も楽しい。

9章

お客様を集めてリピートしてもらう方法

客層、場所により販売方法を変える

場所や客層により購買動機が違うので、地域の特性や客層に合わせて販売戦略を変える必要があります。それぞれの場所や顧客層の特性を見てみましょう。

◆オフィス街での販売ポイント

オフィス街では、平日のランチタイム2時間が勝負。この短時間で1日分の成果をあげなければなりません。いかに効率よくオペレーションを行うかが鍵です。時間が短いというデメリットはありますが、オフィス街には固定客が多いというメリットがあります。「多くの固定客をつかむ」ことが一番大事なポイントです。

◆住宅街の駅前での販売ポイント

住宅街の駅前では、ランチ向きの商品に加えて「おやつ」の購買需要があります。近くに高校がいくつかある駅前を探しましょう。

帰宅時に高校生は夕食前のおやつを購入します。数百円の価格帯で、値段に比べておなかがいっぱいになるボリュームのあるもので、歩きながら食べられる万人好みのおやつ商品を選びましょう。数人で連れ立って歩くグループが一度に購入します。

ただ、若者は飽きるのも早いので、いくつか離れた駅前をローテーションで訪問しましょう。

◆イベントでの販売ポイント

イベントでは、歩きながらでも飲食できる商品が好まれます。似たような商品を扱う店(例えば、コーヒーを扱う別の2店)は同時に出店できませんから、他店にないような独自性の強い商品があると、イベントに呼ばれやすくなります。

イベントのお客様は、オフィス街や住宅街と違ってまったく一見客です。商品写真をわかりやすく見せること、お店への呼び込みなどの宣伝方法を、オフィス街や住宅街より派手にすることがポイントです。

また、他の出店店舗のメニューと事前に見比べて、イベント用の商品を1~2品増やしましょう。

あげパンのフードカー「COCO-agepan」は、観光客や学生、若い女性にも人気がある。200 円から 300 円台の買いやすい価格帯に設定している。

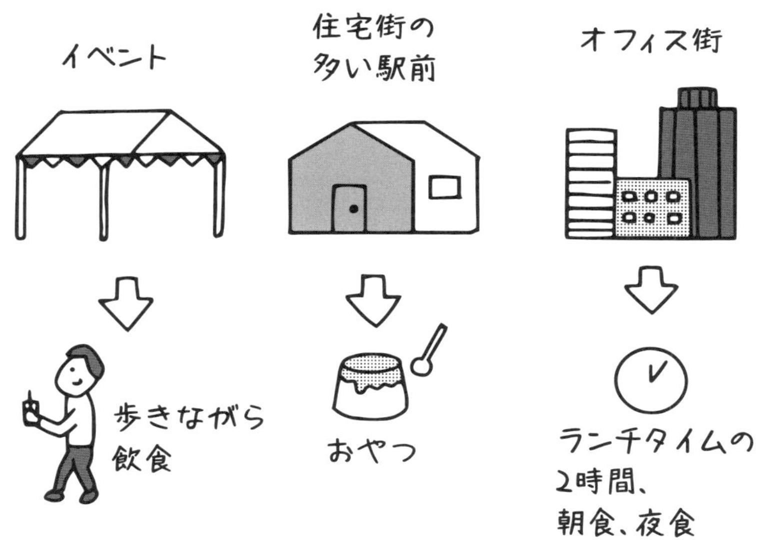

02 移動販売オーナーの1日。売上を上げる時間の使い方

◆出店候補地のお客様の行動調査

売る商品によって営業時間を変えましょう。出店する地域では、食べ物や飲み物がほしいと思う時間帯、外出したくなる時間帯はいつでしょうか。出店場所で定期的に、行動経路やどんな見込み客がいるのかを観察しましょう。見込み客となる人（例えば、周辺の店の店員）に聞き込み調査をすることも有効です。

営業時間の例としては、出勤時間（8～10時）はコーヒーなどの飲み物、おにぎりなどの朝食。ランチ時間（11時30分～14時）はランチ向け食事、コーヒーなどの飲み物。おやつ時間（12～17時）はコーヒーなどの飲み物、おやつ、軽食。夕食時間（18～21時）は夕食向けの食事、コーヒーなどの飲み物、帰宅時間（19～23時）は、アパート、マンションの多い駅前で夕食、夜食向け軽食を販売するのが王道と言えるでしょう。

◆時間帯によって、出店場所を変える

1日に何回か出店場所を変更するのも有効です。例えば、ランチ時間はオフィス街、夕食時は帰宅の多い住宅街の駅前立地、土日休日はショッピングセンターに出店ということもできます。夕方から夜の営業の場合、会社帰りに、夜食・おつまみ代わりに購買してくれる常連さんもできるのではないでしょうか。ショッピングセンターに出店する場合は、開店や閉店時間をショッピングセンターに合わせる必要もあります。

◆準備や仕込みに、想像以上に時間がかかる

タイ風バーベキューが人気の「STREET FARM KITCHEN」の佐藤慶太さんは、ランチ販売が終わった後、夕方から翌日分の仕込みにとりかかります。「出店場所での販売時間よりも、厨房での仕込み時間のほうが長いです。鶏肉の食感をよくするために、筋や軟骨を取り除くのに、1枚当たり1分はかかります。多い日には100から150枚を仕込むので、それだけで2、3時間。準備と仕込みだけで1日に7、8時間は要します」。

移動店舗　店員さんの1日（例）

	仕込み時間が長い場合		二毛作で営業する場合	
6:00	起床		起床	今日の天気は晴れますように!
7:00	準備開始	今日の天気は晴れますように!	準備開始	
8:00	仕込み調理中		仕込み調理中	
9:00		今日もお客様が来てくれますように!		今日もお客様が来てくれますように!
10:00	移動と車を運転		移動と車を運転	
11:00	出店場所到着 開店		出店場所到着 開店	
12:00		お客様の笑顔がうれしいな		お客様の笑顔がうれしいな
13:00				
14:00	ランチ時間閉店		ランチ時間閉店	
15:00	移動		移動	
16:00	市場到着	明日の食材も、新鮮なものを選ぼう!	スーパー到着	さあ、買い出しの時間だ!
17:00	移動		移動	
18:00	仕込み開始		2回目の開店	
19:00		明日用の、煮込みは前日に		さあ、夕方の出店だ!
20:00	帰宅			
21:00	食事		食事	
22:00	ホームページ更新			
23:00		あっ、ブログにお客様からの書き込みだ。お返事しよーっと	移動	おやすみなさーい
0:00	就寝	おやすみなさーい	帰宅、就寝	

03 どんな販売促進方法がよいか？

移動販売で成功するポイントは、「同じ場所」に定期的に、毎月、毎週○曜日等の規則性をもって出店すること。移動する目的は、複数の場所でリピーター客を確保するためです。出店先で「初めてのお客様」を呼び込み、同時に「リピーター」に購買を継続してもらうことが鉄則です。そこで、新規客とリピーターへの販売促進を並行していきましょう。

◆初めての呼び込みには「チラシ」

初めての人には「チラシ」と「店前での呼び込み」で店の存在を知らせます。出店前に、出店開始日を知らせることができればベスト。呼び込みをしてもすぐに効果が出ないことがありますが、根気よく続けます。数日から数週の間、様子をうかがってから購買する人もいます。

オフィス街や住宅街に初めて出店する場合、存在をアピールするために、開店時間前に現場に到着して、車外によく出るようにします。注意点は、店員は清潔感のあるユニフォーム（帽子、エプロン、バンダナ等）を着用して、売り手の顔をしっかり見せること。近隣の人たちは案外よく見ているもので、新しいクルマが停まっていれば注意をひかれるものです。

◆リピーターには「SNS」「ホームページ」「ブログ」

一度来店したお客様に、2回目以降、継続して来店してもらう販促活動には、「SNS」「ホームページ」「ブログ」といったインターネットツールを活用します。月初に、「○月の出店予定」を明記しましょう。

1人で移動店舗を運営して、材料の買い出し、調理、車の移動、販売、片づけという一連の業務をこなした上でツールを使った販促活動をすることは簡単ではないでしょう。SNSやブログの更新ができるだけ簡単になるよう作業をルーティン化すること、営業時間でお客様のいない時間帯にSNSを更新する等、作業上の工夫が必要です。手間はかかりますが、売上を陰で支えるツールです（224ページ参照）。

リピーターの呼び込みプロセス

お店の存在を知ってもらう

・チラシ
・SNS、ブログ
・パブリシティ
・店頭

来店し、実際に食べてもらう！

・「おいしい！」と知る
・明るい接客

「SNS、ブログを
見てみようかな…」

2度目の来店

あっ、今日も車が来ているな！

また買って
みようかな…

やっぱり
おいしいな

店員さんとの
おしゃべりは
楽しいな

3度目の来店

今度は友人を連れて行こう！

04 地域で口コミを増やす方法

◆女性に、高く評価されたい

移動販売は、出店場所に根ざした地域限定商売なので、口コミは適したマーケティング手法です。口コミによる効果は、1週間くらいでは出ません。長い期間をかけて効果がじわじわと出てくるものなので、長期的に根気よく、口コミ対策を続けていきましょう。

友人・知人からの口コミに影響される度合いが高いのは、男性よりも女性が多いそうです。職場や家庭でも、女性が率先して食べ物を選ぶ役目になることは多いものです。女性向けに口コミ対策を考えましょう。

◆グループの「トレンドリーダー」に食べてもらおう

会社の部署、主婦グループなどには、購買行動に大きな影響を与える「トレンドリーダー」がいます。グループの構成員はトレンドリーダーのおすすめ商品をつられて買う傾向にあるので、まず、トレンドリーダーをつかめば、何人ものお客様を連れてきてくれることは間違いありません。出店する各地域でトレンドリーダーを探し当てるのは簡単ではありませんが、すべてのお客様をトレンドリーダーだと思い、大切にするように心がけます。

友人を連れて再度来店したくなるような「特典」を用意するのもおすすめです。「今度、お友達を連れてきてくれたら、あなたと友人の2人それぞれ50円引き」「(同様)トッピングを1品多くします」といった割引券を配るのもいいものです。割引券は来店動機にもなりますので、新しい出店場所の周辺ではチラシに割引券をホッチキスでとめた宣伝ツールをポスティングすることも、集客効果があります。

◆マスコミ掲載記事は、店頭に大きく貼る

テレビ、新聞、雑誌などのマスコミからの取材記事は、大変影響力があります。「マスコミに取材されている」という信頼感が、お客様を生みます。友人との会話のよいネタ(つまり、口コミ)にもなりますから、取材記事はどんどん宣伝しましょう。

「ぽた〜じゅ屋」の大嶋さんは、「フードドラックや飲食店のお客様は、半径 100 〜 300 メートルにいるので、SNS 活用で広範囲に向けた発信をする以前に、近隣のお客様が毎週通いたくなる環境を整えることが大切だと思います」と話します。

顔見知りのお客様が来店。八百屋 car「tsutaebito（つたえびと）」の店主、佐野さんは今日採れた野菜の説明をしますが、押し売りは一切しません。「客引き的なことが苦手なのですが、興味のある人は確実に棚を覗きに来てくれます」。

05 クルマの存在感を高める小道具

◆看板

看板には大きく分けると、次の2種類があります。

①道路上に置くタイプの2つ折りの看板　黒板式になっているものに、手書きで「今日のおすすめメニュー」を書きましょう。大手チェーン店にはない「手書き」のメニューは、移動店舗ならではの温かみを感じさせることができます。手書きで書く場合には、「3色」を使ってカラフルにしましょう。黒板に書くチョークの場合は、「白・黄・ピンク」を中心に使います。

②クルマにかけるタペストリー　車体の高さに合わせたタペストリーをクルマに掛けます。商品写真やロゴマークをデザイン印刷したタペストリーは、フックで取りつけ可能、丸められるので持ち運びも便利。

◆商品メニュー表と、商品の拡大写真

商品メニュー表は、店頭にわかりやすく貼ります。メニュー表はパソコンで作成してもいいですし、手書きで作成しても親近感がわきます。文字は大きく、おいしそうに見える商品写真で売上が変わります。

◆のぼり旗

商品名をはっきり書いたのぼり旗を置きましょう。既製品は1枚1000円ほどで、「ラーメン」「お弁当」などの定番文字があります。またオーダーメイドで製作する場合には1枚数千円で作成できます。のぼり竿は1本1000円くらい、のぼり竿をさすポールスタンド（注水式）は3000円弱で購入できます。

◆ライティング

夕方から夜間に営業する場合、ライティングをうまく活用します。辺りが暗くなれば、ライトに照らされた明るい場所に関心を持つもの。店員の顔がはっきり見える位置、メニュー表を照らすなど、2～3個は必要です。夕方は仕事で疲れている人も多いですから、蛍光灯ではなく、癒し効果のある白熱灯を選ぶとよいでしょう。車に取りつけ可能なクリップのついたタイプは数千円で購入することができます。

タイ風バーベキュー専門店「STREET FARM KITCHEN」の看板。

「ぽた〜じゅ屋」に貼ってあるメニュー写真は、スマートフォンで撮った写真をA3サイズに引き伸ばし、コンビニでプリントアウト。パウチ加工するラミネーター機は、フリマアプリで2000円でゲットした。

観光地で営業する場合、海外からの観光客向けに、看板に英語等でメニュー紹介をするとわかりやすい。東京原宿・キャットストリートに出店する「COCO-agepan」のタペストリー看板には、「あげパンとは」と英語で紹介文が書かれている。店主の高木さんは、店頭に来たお客様の質問に、メニュー写真を見せながら英語で答えていた。

06

信頼感を生むホームページ

◆ホームページは、全国向けの動かない宣伝媒体

移動店舗はいつも出店場所を移動していますから、お客様からすれば「今日はどこに出店しているのだろう？」という流動的な存在です。そんなときに「今日お店はどこにいるか」をお客様に伝えるのがホームページ。出店場所、日時だけでなく、イベントへの出店依頼やテレビや雑誌などのメディアが取材をする際にもホームページがあれば安心感があり、連絡を取りやすくなります。

◆ホームページとSNS・ブログの使い分けが理想

ホームページとSNS・ブログは、使い分けられれば理想的です。お客様が増え、メディアに取り上げられる店舗は、ホームページとSNS・ブログ両方をうまく宣伝媒体として活用しています。ホームページは全国からの表玄関となり、商品の販売に加え、取材などのお問い合わせフォームも作れます。SNS・ブログはホームページを補助する役割として、お客様への感謝と反省点を伝えることもできますし、緊急情報などを伝えやすいものです。

◆ホームページに盛り込む要素

清潔感のあるデザイン性の高いページを作ります。

- 移動店舗（車）の紹介写真、商品の写真イメージ
- メニュー（商品名、価格）
- お店のこだわり
- 店舗を運営している人たちの紹介（顔写真を含む）
- 今月の出店場所（日程と場所の連絡）
- 出店場所の詳しい地図
- ケータリング、買取り出店などの条件
- これまでの経緯（お店の歴史）
- イベントの出店履歴（写真もふんだんに掲載）
- テレビ・雑誌・ウェブ媒体などのメディア掲載
- 連絡先（電話番号、メールアドレスなど）
- 会社概要（屋号、運営者などを含む）
- （できれば）お問い合わせ書き込みフォーム

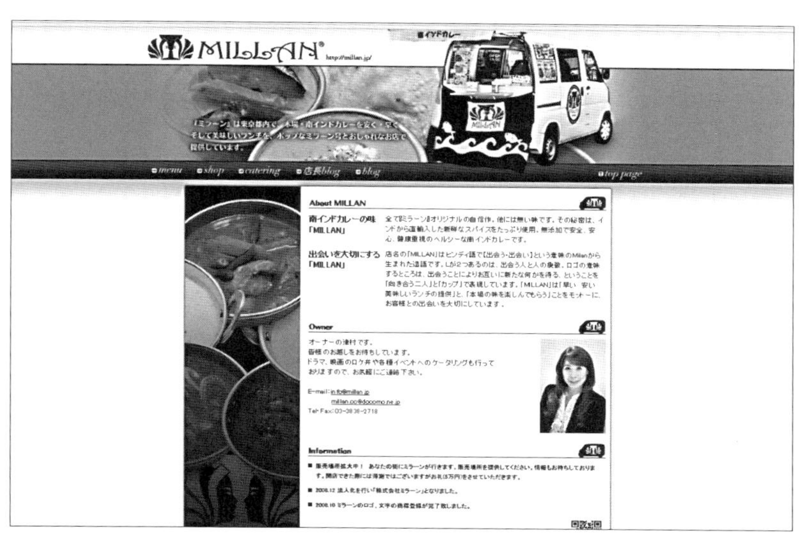

【ミラーンの HP】 http://millan.jp/

【Tsutaebito の HP】 https://tsutaebito.amebaownd.com/

八百屋 car「tsutaebito（つたえびと）」のホームページ。コンセプトや曜日ごとの出店場所を明記しているので、読み手の信頼感が増す。Facebook、Twitter、インスタグラム、ブログでは、お店や季節野菜、自家製醤油作りの近況を随時、伝えている。イベント出店のお誘いは、ホームページに載っている電話番号やメールから問い合わせがくる。

07 SNS、ネットの活用

移動店舗は、出会うと楽しい気分がして嬉しいものですが、たった1つ大きな課題があります。それは、移動販売でお買い物をしたいお客様はたくさんいるのに、「簡単には出会えない」こと。移動するがゆえに「今日、営業しているのか？」「どこに止まっているのか？」がお客様にはわからないのです。だから、いつもの場所に今日いなかったら、次に行くのを躊躇してしまったり。だから、「あのお店に行こう」と思ったお客様を確実にゲットする必要があります。そのためには、ネット上に情報を流すことが大切です。「今月は、いつ出店するのか」を手軽に伝えられ、お客様ともつながることができるSNS（ソーシャルネットワークサービス）を活用しましょう。SNSを活用する目的は、次のようなものです。

◆「いつでも出店します」を伝える

移動販売オーナーの中には、出店場所をネット上に載せない主義の方もいますが、出店場所を増やしたい場合は、SNSで「絶賛、活動中」であることを伝えましょう。移動販売車を呼びたい、という企業やイベント企画会社は常にいるのですが、「どのように探すのか？」が課題。だから、自分が過去に会ったことのある移動販売車に依頼するのです。また、ネット検索で見つけたとしても、SNSの更新が止まっていると、「今休んでいるのかな？」と思ってしまう。だから、「昨日や一昨日の更新がある人」「連絡先が書かれている人」「いつでも出店しますという雰囲気がする人」に注文の依頼が来るのです。

◆リピーターに、出店日と時間を伝える

出店しているかどうかわからない場所にわざわざ出掛ける人は減りました。「本日の出店場所・時間」「商品やメニューの内容」を事前に伝えることが、リピーター獲得につながります。毎週出店している場所では、1日休むと、お客様も離れてしまうそうです。休む際は、SNSで事前に知らせましょう。

「SNSの活用」

代表的なSNSの種類と特長

名称	長所	短所	適する人
Facebook	・フォロワーに瞬時に伝えられる ・オーナーの交友関係を見せやすい	・投稿した記事が残らない ・プライベート面に踏み込みやすい	・顔を合わせたことがない人とつながることが好きな人 ・友人の友人等、交友関係を元にビジネスを広げたい人
Twitter	・140字の短文でいい ・フォロワーによって拡散されやすい	・投稿した記事が残らない ・（ビジネスで効果を出すには）ネットを数時間見続ける必要性あり	・出店情報のみを簡潔に伝えたい人 ・気軽に、情報発信したい人
インスタグラム	・スタイリッシュさを演出できる ・写真表現なので、世界中の人にアピールしやすい	・長文での情報伝達は難しい ・ビジュアル制作は、短文作成より時間がかかる	・写真を撮るのがうまい人 ・ビジュアルイメージでブランディングしたい人
LINE@（ラインアット）	・特定の多数に、情報を瞬時に伝えられる ・フォロワーへの勧誘がしやすい	・LINE@に登録してもらわないと、情報が送れない ・頻繁に情報配信すると顧客が困る	・情報をできるだけ簡単に伝えたい人 ・気軽に情報発信したい人
ブログ	・長文を書いて、思いを伝えられる ・過去の記事が残る	・瞬時に意見交換することは難しい ・他SNSに比べ、一度に多数への拡散が難しい	・文章を書くことが好きな人 ・事業に対する想いを伝えたい人

＊多くの移動販売車が複数のSNSを活用しているが、使いやすいSNSを多用している
＊複数のSNSに同時にアップできるので、1回の更新で効率化できる

SNS、ブログに盛り込む要素

・店舗（車）、店員の写真
・今月の出店場所（日程と場所の連絡）
・出店場所の詳しい地図
・メニュー
・出店日記（今日のできごとなど）

・お店や地域への思い入れ
・商品やメニューへの思い入れ
・移動店舗を始めた経緯
・好きな音楽や小説
（趣味嗜好に共感するお客様もいます）

ブログの無料サービス

Amebaブログ	https://ameblo.jp/
ライブドアブログ	http://blog.livedoor.com/
ココログ	https://www.cocolog-nifty.com/
楽天ブログ	https://plaza.rakuten.co.jp/
Exciteブログ	https://www.excite.co.jp/
JUGEM	https://jugem.jp/

08 アナログなつき合い方をしよう

◆デジタルな時代には、アナログのつき合い

移動店舗に来るお客様は、店員とのコミュニケーションを楽しみに通う人も多いもの。安い即席の商品がほしいだけなら、コンビニに行けば無言のまま購入できるからです。デジタルな時代に、どこか温かい会話を求めて移動店舗に通うのかもしれません。レストランではすでに皿に盛られた料理が運ばれてくるだけですが、移動店舗では目の前で調理をしたり、盛りつけてくれたりします。たまには、サービスでトッピングが増えたり、おまけをしてくれたり。お客様は、小さな居酒屋のカウンターに座るような気持ちで少しの会話や温かさを求めるのでしょう。

◆顔の見えるコミュニケーション

移動店舗の店員は、スーパーやコンビニの店員とは求められるものが違います。大手チェーン店にはない、小さい店ならではの温かさが大事です。

移動店舗に求められているのは、

・顔の見えるコミュニケーション（会話を楽しむ）
・常連客の心をつかむ、小さな居酒屋の大将のような心配り
・臨機応変な対応（要望にはできる限り対応する）
・常連客には、より手厚い特別なサービス

◆2分間のおしゃべりがお客様の心に残る

初来店の日の穏やかな会話が、次に「また行ってみよう」と思える店として、お客様の記憶に残ります。「ぽた〜じゅ屋」の大嶋敦志さんは、具を次々に盛りつけながら、注文メニューの説明をして、軽快なおしゃべりを楽しみます。「お客様の居場所作りをめざしています。お客様の好みを覚え、先週どのような話をしたかを把握したり、2分間の接客時間にどうやって『くすっ』と笑ってもらえるかを考えています。将来的には、ぽた〜じゅ屋のコミュニティを作り、オフ会のようなお客様同士がつながる場を作っていきたいと思っています」。

「ぽた～じゅ屋」の大嶋敦志さんは、インディーズでCDを出しているシンガーソングライターでもある。「クリエイティブなことが好きで、大勢の人に楽しんでもらえる料理を提供してみようと思いました」。店頭の「ぽたコミュニティ掲示板」には、常連客からの舞台やイベント案内チラシを貼っている。

「完熟トマトのシチュー（700円）」は濃厚で、ボリュームたっぷり。

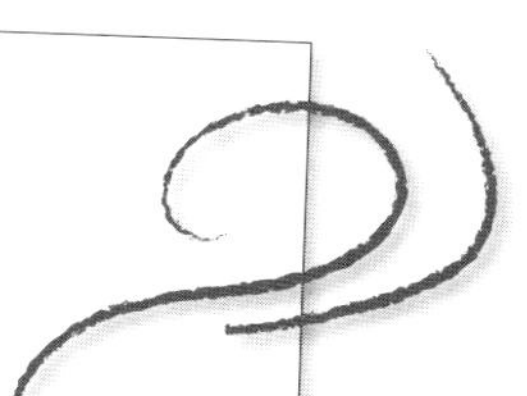

09 新商品を定期的に出そう

◆新しい商品を作るポイント

いくら好評でも、同じメニューばかりではお客様に飽きられてしまいます。定期的に新商品を出していきましょう。ペースとしては、毎月、新しい商品を出せるのが理想的です。

新商品は、次のような観点で考案してみましょう。

・季節にちなんだ、季節限定もの（旬の野菜、果物を使えば味もよりおいしく、原価も安くなります）
・洋食であれば和の素材、和食であれば洋食のテイストを加える（例：オムライスという洋食に、和風のあんかけソースをかける）
・お客様の要望を取り入れる（「こんなものを入れてほしい」という声に応える）
・人気商品をさらに、グレードアップさせる

新商品と言っても、商品すべてを新しくする必要はありません。「ソース」「トッピング」「具」が変わるだけでもよいのです。カフェラテに入れる牛乳が豆乳に変わる、キャラメルソースがストロベリーソースに変わる、カレーの具にシーフードが加わるだけでも、新しい商品です。

◆常に新商品を考案しておく

定期的に新しい商品が出せると、お客様を飽きさせないのでリピーターの継続的な購買にも結びつきます。移動店舗の場合はオペレーションの関係で商品数が少なくなるので、定期的な新商品開発には力を入れましょう。ネオ屋台村を運営する株式会社ワークストア・トウキョウドゥに伺うと、「ネオ屋台村では、1週間を通して同じ場所で同じメニューが重ならないように、出店スケジュールを組みます。他店にない調理法や大きな焼き窯等はオリジナリティとなって、お客様に喜んでもらえる魅力となります。一方、一般的になじみのないメニューでも難しい。奇をてらい過ぎない、オリジナリティのあるメニューが喜ばれやすいと思います」。

移動店舗における新メニューの開発プロセス（フードカーの場合）

【地球食堂】
Twitter：@chikyushokudo　Facebook：https://www.facebook.com/chikyushokudo/
【連絡先】yumihotta1220@gmail.com

【ぽた～じゅ屋】
Twitter：@potagerice　インスタグラム：@potageya
Facebook：https://www.facebook.com/potagerice/
【連絡先】esc_argot@yahoo.co.jp

【ADVENTURES★PARTY】
Twitter：@SAMWOODTOKYO　Facebook：https://www.facebook.com/adventuresparty/
ブログ：https://ameblo.jp/aparty
【連絡先】miyazawa@samwoodtokyo.com

【BOOK TRUCK】
ウェブショップ：https://booktruck.shop/　Facebook：https://www.facebook.com/Booktruck
Twitter：@mybooktruck　インスタグラム：@book_truck

【COCO-agepan】
ホームページ：http://www.coco-agepan.com/　Twitter：@CocoAgepan
インスタグラム：@cocoagepan　Facebook：https://www.facebook.com/iloveagepan.1/
【出店場所】東京都渋谷区神宮前５丁目(原宿キャットストリート)に常設。年に数回、各地イベントに参加
【連絡先】iloveagepan@gmail.com

【SHIBUYA REPUBLIC】
ホームページ：https://shibuyarepublic.org/　インスタグラム：@shibuyarepublik
Facebook：https://www.facebook.com/Shibuyacraftronics2/
【連絡先】stayinsrtyletokyo@gmail.com

【STREET FARM KITCHEN】
ホームページ：http://st-farm-kitchen.com/　Twitter：@st_farm_kitchen
インスタグラム：@street.farm.kitchen　Facebook：https://www.facebook.com/ThaistyleBBQ/
【連絡先】street.farm.kitchen@gmail.com

【TABELL】
ホームページ：http://tabell.jp/　Twitter：@TABELL3846
インスタグラム：@tabellkitchen　Facebook：https://www.facebook.com/tabell.jp/
【連絡先】info@tabell.jp

著者略歴

滝岡　幸子（たきおか　さちこ）

中小企業診断士・経営コンサルタント、「ひとり起業塾®」主宰、
ポテンシャル経営研究所代表

外資系コンサルティング会社・プライスウォーターハウスコンサルタント（現IBM）で、多くの企業の戦略立案、業務改善に従事。2002年に有限会社ポテンシャルを設立。当初は従業員が増えていく会社をめざしたが、「少ない資金、低リスクで身軽に、自分らしい生き方をめざす『ひとり起業』」のほうが合っていると実感し、大企業とはまったく違う、身の丈にあった経営戦略や働き方を研究し、世の中に提案している。
起業家の生き方、中小企業が勝ち抜く戦略を考えることをライフワークとし、中小企業へのコンサルティング、企業研修、講演・ワークショップ・セミナー、各種メディアでの執筆連載等の多方面で邁進中。
著書に『ど素人がはじめる起業の本』『図解 ひとりではじめる起業・独立』（翔泳社）、『マイペースで働く！ 女子のひとり起業』『マイペースでずっと働く！ 女子のひとり起業 2年目の教科書』『マイペースで働く！ 自宅でひとり起業 仕事図鑑』（同文舘出版）などがある。

HP：http://www.potential7.co.jp
ブログ：https://ameblo.jp/takioka-sachiko
Mail：info@potential7.co.jp

クルマ1台で起業する　はじめよう！ 移動販売

2019年8月8日初版発行

著　者 —— 滝岡幸子

発行者 —— 中島治久

発行所 —— 同文舘出版株式会社

東京都千代田区神田神保町1-41　〒101-0051
電話　営業03（3294）1801　編集03（3294）1802
振替00100-8-42935

ISBN978-4-495-54044-9
印刷／製本：三美印刷
Printed in Japan 2019